살아낸 김에, 즐겨볼까?

암경험자의
다사다난
일상 회복 분투기

살아낸 김에, 즐겨볼까?

용석경 지음

샘터

프롤로그

마흔 살의 어느 날 깜짝 이벤트가 찾아왔다. 로또 당첨이나 먼 재벌 친척의 등장이면 좋았을 텐데. "암입니다" 한마디에 울고 웃는 생존 리얼리티 쇼가 시작됐다. 오로지 '살고 싶다'라는 본능으로 정보를 찾아 헤맸다. 그러다가 어디선가 발견한 문구, '암경험자의 사회복귀'.

죽느냐 사느냐 하는 절체절명의 순간에 웬 사회복귀? 그때는 조금 힘들겠지만 곧 일상과 일로 돌아갈 수 있을 거라고 생각했다. 하지만 1년의 고된 치료와 후유증은 몸도 마음도 바닥으로 끌어내렸다. 주위에서는 축하 인사를 건네는데 너덜너덜해진 몸으로 사막 한가운데에 버려진 듯한 고립감이 찾아왔다. "여기도 사람 있어요"라고 외치고 싶을 만큼.

그제야 암경험자로서의 삶을 자각했다. 사회복귀라는 예상치 못한 외로운 레이스가 기다리고 있었다.

'살아갈 날이 더 많은데 앞으로 도대체 어떻게 살아야 하지?'

다시 해맑게 파이팅을 외치기에는 모든 것이 낯설었다. 정기 검사 수치는 정상인데 일상은 에러 코드로 가득했다.

한참 캄캄한 시간을 헤매고서야 깨달았다. 시련을 겪은 후 삶은 '이전으로 돌아가는 것'이 아니라 '새로운 나로 살아가는 것'이라는 걸. 사라진 것에 아쉬워하기보다 남은 것에 감사해야 한다는 걸. 살아내고 버티며 단단해진 마음으로.

암경험자의 사회복귀 과정은 사춘기처럼 한 번은 거쳐야 하는 통과의례였다. 일뿐만 아니라 학업, 관계, 건강관리, 사회 구성원으로 살아가기 위한 다양한 부분을 재설정하고 적응하는 과정이었던 셈이다.

혹시 주변에 암을 겪은 사람이 있을까? 우리나라 기준 20명 중 한 명은 암경험자다. 평생 세 명 중 한 명이 암에 걸리고 동시에 암경험자가 된다. 말 그대로 '암을 경험한 사람'이니, 나 역시 암경험자다. 완치 여부와 상관없이 앞으로 평생 함께할 새로운 정체성인 셈이다.

이 책에는 인생의 복병인 암을 맞닥뜨린 뒤 다시 일상과 사회로 돌아가는 여정을 담았다. 환자 타이틀과 병원의 울타리를 넘어서 지친 몸과 마음을 치유하고, 관계를 맺고, 다시 일을 하고, 새로운 나의 삶을 찾아가는 이야기다.

거창한 성공담도, 멋진 자기계발 스토리도 아니다. '암경험자로 하루 만에 사회에 완벽하게 적응하기' 같은 비법도 없다. 멋진 주인공이고 싶은 바람과 달리 한없이 소심한, 마음이 쭈글쭈글 배배 꼬인 심술꾸러기가 등장한다. 롤러코스터를 타듯 오락가락하는 감정 기복과 어리바리한 에피소드로 가득하다. 어떤 날은 더없이 즐겁고, 어떤 날은 괜히 화가 나고, 어떤 날은 이유 없이 행복하다가 또 가끔은 한없이 슬프다.

  그래서 멋대로 '암경험자'의 뜻에 살을 덧붙여 본다. 암이라는 인생 최대의 돌발 미션을 클리어하고 본캐로 돌아온 사람. 생사를 넘나드는 치열한 전투를 치르고 심오한 내적 갈등과 처절한 몸부림을 거쳐 삶으로 돌아온 사람. 한마디로 스펙터클함과 감동이 가득한 휴먼 스토리를 써 내려가는 사람!

  암경험자임을 밝히고 일상으로 돌아오는 것은 여전히 어렵다. 사회의 편견과 차별, 시선에서 자유로울 수 없기 때문이다. 그럼에도 다시 삶의 페달을 밟을 수 있었던 이유는 어떤 상황에서도 내가 다시 일어서서 돌아오기를 응원하고 기다려준 이들이 있었기 때문이다.

  "괜찮아, 조금 쉬어가도 돼."

따뜻한 말 한마디와 손짓이 멈췄던 삶의 체인을 다시 걸게 해줬다. 가끔은 비틀거리고 때로는 멈추기도 하지만 조금씩 앞으로 살살 굴려본다. 선물 같은 소중한 삶을 멈출 수 없으니까.

살다 보면 누구나 뜻하지 않은 시련을 만난다. 병이든 이별이든 실패든 이름은 다르지만 아프고 힘들다. 혹시 끝이 보이지 않는 터널 속에서 헤매본 적이 있다면 이 이야기에 조금은 고개를 끄덕이게 될지도 모른다. 내게는 그게 암이었지만 누군가에게는 실연일 수도, 누군가에게는 꿈이 무너지는 하루일 수도 있다. 하지만 분명한 건, 어둠 속에서도 앞서 걸어간 누군가가 남긴 작은 발자국은 다시 일어설 힘이 된다는 것이다.

"힘들었지만 지금은 잘 살아가고 있어요."

엄살처럼 보일까 봐 걱정도 되지만 삶의 고비에서 힘겨워하는 단 한사람이라도 이 이야기를 통해 다시 살아갈 용기와 위로를 얻을 수 있기를 바란다. 상처 위에서 희망을 품고, 그 희망은 다시 내디디는 한 걸음의 씨앗이 되기를 소망한다.

시련 속에서도 웃음을 잃지 않고, 삶의 유한함 속에서 더 깊고 따뜻하게 살아내는 우리, 이제 함께 즐겨볼까요?

용석경

차례

프롤로그 · 004

1장
한 집 걸러 한 명 있는 암경험자

어쩌다 보니 암환자, 산 넘어 산이네 · 013

만신창이가 된 몸과 마음, 도대체 왜 이러지? · 021

다시 일, 해야 하나 말아야 하나? · 029

진퇴양난. 쉼도, 일도 어렵다 · 035

암으로 내 삶까지 멈춘 걸까 · 040

충분히 쉬라면서, 쉴 수는 없다고요? · 047

글쓰기, 더 이로운 연결을 꿈꾸다 · 053

다시 일한다고? 효도 포인트 대량 획득! · 061

아팠지만 당당하고 멋진 엄마를 꿈꾸며 · 068

다시 일하기로 결심하다 · 075

◆ 사회복귀를 고민하는 이들을 위한 질문 리스트 · 081

2장
내 인생의 가장 험난한 출근길

두근두근 복직, 다시 소리 없는 전투가 시작됐다 · 089

일하고 싶지만 여전히 높은 현실의 벽 · 096

또 다른 벽, 무거운 편견과 낙인 앞에서 · 102

처음보다 어려웠던 두 번째 암밍아웃 · 109

아파도 쉴 수 없는 무적의 출근 부대로 거듭나다 · 115

당혹스러운 순간에도 우아하고 품격있게 · 121

케모 브레인? 중요한 건 바로 지금, 이 순간 · 129

살길은 운동뿐, 평생 쿠폰 획득 · 136

재발은 제발 Don't worry! · 142

직장인이자 암경험자의 은밀한 이중생활 · 148

새로운 일상과의 도킹, 미션 컴플리트 · 154

◈ 암경험자의 사회복귀 현실과 필요한 지원 · 161

3장

살아낸 김에,
즐겨보려고요

내 삶의 또 다른 화양연화를 꿈꾸며 · 175

암경험자지만 성취 지향형. 메타인지 장착 완료 · 184

특별한 능력자, 지금도 충분히 잘하고 있어요! · 191

니 거는 내 거, 내 거도 내 거. 오케이? · 199

신에게는 무알코올 맥주가 있습니다 · 204

세상에서 가장 무서운 것? 종이컵 포비아 극복기 · 209

제 건강은 지금도, 앞으로도 괜찮을 거예요 · 215

암경험자를 대하는 지혜로운 태도 · 220

소중 귀중한 6개월의 선물, 지금 이 순간에 감사하며 · 225

다시 K-직장인, 부캐는 환자였고요 · 231

두 번째 생은 거침없이, 앞으로 돌격! · 237

망설이는 당신에게 건네는 선배들의 응원 · 243

◈ 암 이후의 삶, 다른 나라에서는 어떻게 살까? · 249

에필로그 · 256

1장

한 집 걸러 한 명 있는
암경험자

어쩌다 보니 암환자, 산 넘어 산이네

"조직검사 결과, 암입니다."

드라마 여주인공을 부러워하긴 했지만 이건 아니다. 멋진 남자 주인공과 썸을 타거나 꽁냥꽁냥 달콤한 연애의 설렘을 바란 것도 아닌데, 너무 생뚱맞아 눈물이 나올 지경이다. 진짜 드라마처럼 갑자기 암환자가 됐다. 위험인자도, 가족력도, 이상 증상도 없었다. 돌연변이처럼 날아온 조그만 멍울이 핵폭탄처럼 삶에 거센 파도를 일으켰다.

유방암 2기. 누군가는 착한 암이라고 했다. '그렇게 착하면 같이 하실래요?'라는 말이 목구멍까지 차오르지만 이성의 끈을 붙잡았다. 왜 하필 나일까? 수없이 물었다. 누구에게도 해 끼치지 않고 살았다. 나름 운동도 하고 건강했다. 열심히 살아온 날들이 떠올라 억울했다. 한참 동안 자책과 원망 사이를 헤매다가 깨달았다. 딱히 내가 아니어야 할 이유도 없었다. 착하게 산다고 무병장수하거나 못되게 산다고 벌을 받지 않는다. 길을 걷다 돌부리에 걸려 넘어지거나 평범한 퇴근길에 일어나는 교통사고처럼. 하지만 살다 보면 누구에게나 생길 수 있는 일이라고 받아들이기까지는 시간이 필요했다.

일단은 살아야 했다. 죽음에 대한 공포의 반대급부로 강렬하게 살고 싶었다. 성공, 부, 사회적 인정 따위는 개뿔. 맹목적으로 좇던 욕구는 원초적 본능 앞에 사라졌다. 어쩌다 맞닥뜨린 삶의 극한 순간에 덜 중요한 것이 하나씩 지워졌다. 마지막에 남은 건 나의 손길이 필요한 아이들, 마누라바라기인 남편, 나의 행복을 바라며 평생 헌신한 엄마 그리고 그 중심에 선 나뿐이었다.

불타오르는 생존 욕구에 비해 초보 암환자는 모든 게 낯설고 어려웠다. 산정특례 등록 문자에 눈물이 났다. 어느 병원으로 가겠느냐는 질문은 야속했다. 늦게나마 존재를 알게 된 몸속의 암세포는 잡초처럼 쑥쑥 자라는 것 같았다. 진단 5개월 만에 수술이 잡혔다. 암순이와 작별하기를 얼마나 학수고대했던가. 봄

슬레이 같았던 이송 침대에 실려 35번 수술방에 입성했다. 그곳의 서늘한 공기가 아직도 생생하다. 집도의의 따뜻한 위로로 시작되는 드라마의 한 장면을 상상했건만 현실은 안정제 한 방에 까무룩 잠이 들었다.

인생 이벤트였지만 오매불망 입원실을 기다리는 대기 환자를 위해 다음 날 기꺼이 자리를 내어줬다. 암순이를 떼어내고 신난 마음과 달리 얼굴은 퉁퉁 부었다. 압박붕대로 쪼여 맨 가슴은 욱신거린다. 허리춤에 달린 수류탄 모양의 배액관(피 주머니)을 기본 옵션으로, 가슴에 남은 영구 흔적을 전리품으로 획득했다.

전신마취 후유증일까? 거울에 비친 모습이 압박붕대는 탱크 톱으로, 배액관은 수류탄으로 보인다. 영화 〈툼 레이더〉의 걸 크러쉬한 주인공인 배우 안젤리나 졸리 뺨친다. 참고로 졸리 언니는 가족력을 고려해 예방적 절제술을 받았다. 유방암 경험자는 아니지만 괜한 내적 친밀감이 느껴진다. 이렇게 멋진 순간이 또 언제 올까. 일단 찍어야지. 찰칵. 주위 사람들은 차마 웃지도 못하고 마취가 덜 깬 거라며 수군거렸다. 괜찮다. 내 눈에는 씩씩하고 명랑한 여전사니까.

4주를 기다린 검사 결과 항암 치료 당첨. 항암 치료 시 재발률

감소 기대 효과는 5퍼센트다. 고작 5퍼센트라고 생각할지 모르지만 주어가 암으로 바뀌면 느낌이 달라진다.

'아무리 힘들어도 다들 하는데 나도 할 수 있어'라고 다짐했지만 상상 그 이상의 부작용이 속출했다. 암세포만 타깃으로 정밀 조준하면 좋지만 안타깝게도 유방암의 기본 항암제는 아군과 적군을 식별하지 못한다. 즉 암처럼 빨리 자라는 세포는 모두 제거 대상이다. 머리카락, 손톱, 발톱, 점막 등.

예외 케이스로 주목받으면 어쩌나 기대했지만 대자연의 법칙처럼 어김없이 14일차에 탈모가 시작됐다. 반항기 어린 10대 시절 내심 솔깃했던 민머리의 꿈을 이렇게 이뤘다. 나쁘기만 한 건 없다더니 그 와중에도 하나를 건졌다. 아름다운 두상. 동그란 뒤통수는 손흥민 선수 뺨치는 월드 클래스급이다. 뿌듯함에 슬쩍 입꼬리가 올라간다. 너스레라도 떨어야 머리를 볼 때마다 눈가가 촉촉해지는 엄마를 웃게 할 수 있다. 민머리 엄마에 당황한 아이들을 조금이나마 안정시킬 수 있다.

'항암 약발이 받는 만큼 몸이 힘들다.' 의학적 근거와 무관한 셀프 명언이지만 이 말로 그 시간을 버텼다. 몸이 빙의라도 된 듯 어색하게 느껴졌다. 부기 때문에 하루 만에 체중이 3킬로가 오락가락하고 얼굴은 동글동글한 호빵맨이 됐다. 입안이 퉁퉁 부은 혀로 가득 찼고 빨간색이 살짝이라도 스친 음식은 캡사이신처럼 매웠다.

입에 넣는 순간 뭐든 모래알로 변하는 마법도 펼쳐졌다. 기미상궁 놀이도 하루이틀이지 점점 먹을 수 있는 것이 줄었다. 저혈압 쇼크로 정신을 잃었고 고열로 응급실에 갈지 말지 고민하며 긴긴밤을 지새웠다. 진통제도 막지 못한 말초신경 통증은 수시로 찾아왔고 어스름한 밤이 오면 피부발진이 온몸에 스멀스멀 존재를 드러냈다. 같은 약에도 누구는 지독한 설사로 탈진하고 누구는 변비로 고통스러워했다. 오묘한 항암 월드.

힘든 시간이었지만 아프고 슬프지만은 않았다. 그래도 살아있음에 감사했다. 함께 웃고 울며 견딘 소중한 전우들이 있었다. 우리는 바꿀 수 없는 것에 억울해하기보다는 주어진 상황에서 더 많이 웃으려고 노력했다. 암도 부작용도 통제 불가의 영역이니까. 고맙게도 항암 10일차부터는 서서히 회복되는 인체의 신비도 펼쳐진다. '이렇게는 도저히 못 살겠다' 싶을 즈음 '이 정도면 살 만한데'로 바뀌며 살포시 희망이 움튼다

항암산의 다음 코스는 방사산. 마치 정상을 찍고 하산하는 듯하다. 5주간 매일 정해진 시간에 치료를 받았다. 병원이 제2의

고향이자 제2의 직장처럼 느껴졌다. 전위예술 모델처럼 가슴에 난해한 그림(방사선 조사 기준점을 잡기 위한 선)을 품었다. 한여름의 땀에 지워질까 봐 애지중지 보살폈다.

하산이라고 만만하게 봤는데 예상은 또 빗나갔다. 몸속의 미세한 암덩이를 불태우고 지쳐서일까? 서서히 묵직한 피로감이 몰려왔다. 피부는 점점 딱딱하고 까맣게 변해간다. 누구는 구토와 오심을 호소한다. 5분 정도 누워서 방사선을 쬐는 선텐급의 난이도인 줄 알았는데 호락호락하지 않았다. 하산 중 방심하는 바람에 사고가 더 많이 나는 것처럼.

얼음찜질과 알로에 미스트로 맞서보지만 깊은 곳에서 올라오는 열감을 막기는 역부족이다. 피폭된 몸이 안쓰러워 녹차도 벌컥벌컥 마신다. 겨울잠을 자는 곰처럼 쓰러져 있는 시간이 점점 늘어난다. 아직 몸속 어디선가 맹활약 중인 항암 약 덕분에 부작용이 이어진다. 그래도 차근차근 방사선 치료실에 출근 도장을 찍는다. 이제 곧 종착점이다.

"정말 고생 많으셨어요. 관리 잘하시고 건강하세요."

23번째 치료이자 학수고대한 막방. 친절한 방사선사 선생님은 매일 납작한 속내(?)를 거리낌 없이 내보인 각별한 사이다. 따뜻한 말에 긴장이 풀린다. 암 진단 후 정신없이 이어진 1여 년의 시간이 파노라마처럼 펼쳐진다.

단풍과 노을이 예뻤던 가을에 암환자가 됐다. 수술 후 퇴원 길에 만난 샛노란 개나리와 푸릇한 풀이 반가웠다. 나처럼 새 생명을 얻고 활짝 피어난 것 같아서. 그런데 마냥 기쁘지도, 홀가분하지도 않았다. 그토록 기다린 순간인데 왜 이럴까. 이제 꽃길만 가자고 눈물 바람으로 축하 파티까지 하고서는.

공식적인 치료는 끝났다. 의료진은 이제 암환자인 걸 잊고 일상으로 돌아가서 6개월 뒤에나 보자고 했다. 정말 이렇게 끝나는 건가? 이제 어떻게 하지? 아직 다시 시작할 준비가 안 됐는데. 이것이야말로 진정한 각자도생이다. 남의 일이면 그러려니 할 텐데 나의 일이 되니 막막하기만 했다.

보너스로 주어진 두 번째 삶의 첫 장을 마주했다. '암경험자로 살아가기.' 흐트러진 몸과 마음을 추스르기, 후속 치료와 정기 검사, 관계의 재설정, 달라진 일상과 사회로 돌아가기 등. 새로운 삶으로의 적응에는 늘 그렇듯 시행착오가 뒤따른다. 전학이나 이사, 회사를 옮겨도 적응할 시간이 필요한데 영광스러운 타이틀을 땄으니 오죽할까.

암과 인연을 맺은 후 미지의 영역이 끝없이 펼쳐진다. 안타깝게도 백과사전이나 매뉴얼 또는 친절하게 손잡고 가르쳐 주는 사람은 없다. 그래도 어떻게 얻은 삶인데 멈출 수는 없다. 조심스럽게 천천히 한 걸음을 내디뎌 본다.

만신창이가 된 몸과 마음, 도대체 왜 이러지?

"언니, 저희 결혼해요! 혹시 축사 부탁드려도 될까요?"

암 진단 4일차에 뜬금없지만 소개팅을 주선했다. 왠지 이 커플은 꼭 만나야 할 것 같은 사명감에 미룰 수 없었다. 멘붕 상태라 마음대로 장소와 날짜를 통보했다. 운명적인 느낌이 맞았는지 둘은 알콩달콩 연애를 시작했다. 크리스마스에 손을 꼭 잡고 예쁜 쿠키를 들고 찾아와 내 건강 회복을 응원하더니 역시나 결혼까지 골인했다.

일등으로 청첩장을 받는 영광을 누렸다. 예전이라면 흔쾌히 "축사의 영광을 주다니 고마워!"라고 대답하고서는 진심을 담은 축사를 정성스럽게 준비했을 텐데. 암에 걸리기 전이라면 고민할 필요조차 없었을 텐데. 조심스러운 부탁을 듣자마자 '이 머리, 이 상태로 사람들 앞에 설 수 있을까?' 하고 겁부터 났다. 새로운 시작을 축복하는 성스러운 장소에, 모자를 눌러쓴 모습(무수히 많은 가발을 써보려 시도했으나 뭘 뒤집어써도 '내 머리 아님' 스티커를 붙인 듯했다), 발바닥 통증으로 구두도 신지 못하는 행색이 그곳에 어울릴까.

마음이 수백 번 오락가락했다. 결국 거절했다. 30년 후 리마인드 웨딩 때는 우아한 파파 할머니로 축사를 해주기로 약속했다. 인생 첫 축사 데뷔 기회를 이렇게 흘려보냈다. 정성스레 부탁한 마음을 외면한 것 같아 미안하다. 몸도 마음도 쪼그라든 스스로가 야속하다.

암 진단을 기점으로 건강한 사람에서 환자가 된 것처럼, 치료를 마치면 환자에서 '안 아픈 사람' 또는 '아프기 전의 나'가 될 수 있을까? 주위에서는 말한다.

"치료 끝났어? 그러면 이제 괜찮은 거지? 고생했어!"

'표준 치료 종료 = 치료 종료 = 이제 다 나음 = 아픈 곳 없음 내지 멀쩡함.' 경험하지 않았다면 하나도 어색하지 않은 일반적인 사고의 흐름이다. 관심을 가지고 걱정해주니 고맙기는 한데 나의 고생은 과거형이 아니라 현재 진행형이다. 그간 마음 졸이며 걱정한 걸 알기에 축하하는 이들에게 차마 말할 수 없다. '치료는 마쳤지만 난 아직도 힘들어'라고. 산 넘어 산. 끝난 줄 알았는데 끝이 아니었다.

　이런 속마음은 얼굴 맞대고 사는 가족조차 이해하기 쉽지 않다. "아이고, 힘들어!"라고 말하며 오버 액션을 취해보지만 반응이 시큰둥하다. 유독 나에게는 극T인 남편이 갱년기로 잔뜩 독이 오른 내 눈치를 보며 꺼낸 최선은 고작 "힘들면 병원에 가보든가"라는 말뿐이다. 기대한 나를 탓하며 그어게 눈을 흘긴다. 병원에 간들 왜 왔냐고 핀잔을 들을 게 뻔하다.

　겉으로 스윽 보면 멀쩡한데 군데군데 엉망진창이다. 조금씩 들뜨던 손톱은 층지고 갈라졌다. 흰 밴드로 손톱을 둘둘 감싸고 식빵 언니(배구선수 김연경)라고 우겨본다. 비루한 몸뚱이는 숫자로도 증명됐다. 혈소판도 호중구 수치도 바닥이다. 살짝만 부딪혀도 시퍼렇게 멍이 든다. 혹시 잘 때 맞은 게 아닌지 남편에게 의혹의 눈초리를 날린다.

　걷기 최대 기록인 하루 5만 보는커녕 이제는 5,000보도 버겁다. 온몸의 수포와 간지러움으로 옷을 뒤집어 입는 새로운 패션을 창조했다. 듬성듬성 깎은 잔디밭 같은 머리 위에 푹 눌러쓴 모자로 가려진 시야만큼 마음이 움츠러든다. 최대 이동 시간은 반나절이다. 언제 어디서 체력이 고갈될지 모른다. 멀리 갈 엄두가 나지 않는다. 첫차와 막차로 부산 당일치기 여행도 끄떡없었는데. 아, 옛날이여.

마흔 살에 맞이한 (항암, 항호르몬 치료로 인한) 강제 폐경이 억울했는지 몸이 격하게 항의한다. 사춘기와 맞짱 뜨는 갱년기라더니 가히 슈퍼 울트라급이다. 원래 몇 년에 걸쳐 서서히 감소해야 하는 여성호르몬을 약 한 알로 뚝 끊어버렸으니 몸이 화가 날 만도 하다. 다채로운 부작용의 향연이 펼쳐진다. 한겨울 추위도 몰아낼 기세의 에너지(열감), 명품 화장품도 울고 갈 자연스러운 발색의 볼 터치(안면 홍조), 비 오는 날 머리에 꽃 꽂고 춤추는 여인을 방불케 하는, 나도 모르겠는 내 마음까지.

최고봉은 관절통이었다. 몸 어디에 뼈가 붙어 있는지 인지할 수 있었다. 아침마다 손가락 관절을 하나씩 펴는 수고로움은 애교다. 타임머신을 타고 미래로 가 꼬부랑 할머니가 된 듯 굽은 허리가 펴지지 않는다. 손이나 발이 몸통에서 떨어져 나가는 서늘한 공포에 잠에서 깨기도 한다. 한 걸음씩 내디딜 때마다 느껴지는 발바닥의 묵직한 통증은 가시밭길을 걷는 형벌을 받은 죄인처럼 그저 인내할 뿐이다. 나의 조상이 제페토 할아버지였던

가. 피노키오처럼 팔과 다리가 덜그럭거린다.

요정의 지팡이를 샤랄라 하고 휘두르면 재투성이 아가씨가 우아한 공주로 변신하는 신데렐라가 되기를 꿈꿨다. 하지만 동화는 동화일 뿐 무 자르듯 어제까지만 힘들고 오늘부터 상큼발랄해지는 마법은 없다. 치료만 마치면, 이것만 견디면 되는 줄 알았는데 과한 욕심이었을까.

치료는 후유증을 남겼다. 후속 치료에 따라 새로운 부작용이 토핑처럼 얹혔다. 상큼한 표정으로 기지개를 켜며 '빨래 끝'을 외치듯 '치료 끝'을 외치려던 참인데. 조금씩 움트려던 희망과 의지는 뿌리를 내리지 못한다. 마음은 기억 속 이전의 나와 지금의 나 사이를 정처 없이 헤맨다.

무기력해지니 만사가 귀찮다. 열심히 관리해야 하는데 오히려 몸과 마음이 점점 움츠러드는 악순환의 고리에 빠졌다. 몸은 눈에 보이니 호소라도 하는데 마음은 풀어낼 방법이 없다. 괜찮은 것 같다가도 한 번 삐끗하면 삐딱선을 타버린다.

자조 모임에서 이른 나이에 암을 경험한 20대 여성의 사연을 건너 들었다. 그녀는 암 진단도 충격인데 치료로 난소기능이 저하되면 임신이 어려울 수 있다는 것에 당황했다. 아직 결혼이나 출산 계획은 없지만 고민 끝에 난자를 동결했다. 많은 시간과 비용, 노력을 들여서. 치료를 마치고 가끔 비슷한 또래의 암경험자 모임에 참여하지만 아직 일상으로 돌아가지 못한 것 같다고 했다. 친구들의 맛집 투어, 데이트, 여행 소식을 보면 유독 힘들다고. 소개팅 제안에도 선뜻 대답할 수가 없다. 아직 젊은데 긴 삶을 어떻게 살아갈지 막막하단다.

같은 시기에 함께 치료를 받으며 친해진 30대 여성은 치료 후 림프부종을 겪고 있다. 눈에 보이지는 않아도 림프액의 흐름이 막히면 많은 불편함을 초래한다. 심할 때는 코끼리처럼 팔이 퉁퉁 붓는다고 농담처럼 이야기한다. 그렇다 보니 그녀의 필수품은 선크림이나 립스틱이 아닌 압박 스타킹이다. 한여름에도 팔에 압박 스타킹을 신고 얇은 긴팔 옷을 걸친다. 그림 그리기를 좋아하지만 팔 상태 때문에 조심스럽다. 이만하길 다행이라고 감사하며 살려고 노력하지만 가끔은 퉁퉁 부은 팔로 소소한 일상생활조차 해내지 못하는 것 같아 울적해한다.

그룹 심리상담을 통해 알게 된 40대 여성 음악가는 음악에 대한 열정이 남달랐다. 함께하는 모임에서 멋진 연주를 들려주기도 했다. 그녀에게는 일을 하는 것이 곧 회복하는 것을 뜻했기에 치료 후 바로 일을 시작했다. 주위 시선 때문에 암밍아웃(암과 커밍아웃의 합성어)을 하지 않았는데 동료들이 두심코 하는 말에 놀라고 상처받았다. "진짜 이러다 암 걸리겠네" "완전 암적 존재네" "요새 유방암은 암도 아니라던데" 등. 항호르몬제 때문에 우울감, 무기력감, 의기소침함까지 더해졌다. 터널을 빠져나온 줄 알았는데 아직도 그 안에 갇힌 것 같다며 힘들어했다.

진단 이전부터 알고 지낸 50대 여성은 내유외강이라는 말이 참 잘 어울렸다. 치료 중에도 걱정하는 주위 사람들을 먼저 챙길 정도였다. 하지만 고된 치료를 끝낸 다음에는 여러 가지 신체적·정신적 후유증으로 힘겨워한다. 가슴의 불균형으로 어깨와 골반이 틀어졌는데 살짝 넘어졌다가 골절상을 입었다. 이겨내려고 했지만 의지의 문제가 아니라는 걸 깨달았다. 협진으로 우울증 치료를 받고 있지만 여전히 불안과 수면장애로 힘들어한다.

기대 반, 걱정 반으로 시작된 암경험자로서의 삶은 그리 녹록지 않았다. 주위의 기대와 나의 바람, 노력으로 메울 수 없는 현실과의 간극 사이에서 방황했다. 환자는 아니지만, 그렇다고 아직 일상으로도 돌아오지 못한 채 헤매는 것 같다. 나처럼 치료 후에 힘들어하는 이들을 보며 '나만 이런게 아니구나' 하고 위로받았지만 현실적으로 어떻게 헤쳐나갈지 막막했다.

살면서 힘든 순간마다 되뇌었다. 후회도 자책도 하지 말자고. 앞으로 살아갈 날이 더 많으니 앞을 보며 힘을 내려고 노력했다. 바로 지금, 여기 이 순간이 가장 소중하니까. 그렇게 잘 견뎠고 강해졌다고 생각했다.

　기대가 큰 만큼 실망도 컸던 걸까. 예상치 못한 문턱에 걸려 넘어진 듯 혼자 읊조렸다.

　"모든 게 꿈이 아닐까? 꿈이라면 얼마나 좋을까."

다시 일,
해야 하나 말아야 하나?

"자기소개 부탁드려요!"

낯선 이를 만나면 자연스럽게 이어지는 순서다. 대체로 딱히 고민하지 않고 대답하곤 한다. 예전의 나도 그랬으니까.

"저는 ○○에 살고, ○○ 살입니다. 직업은 ○○이고요."

대수롭지 않은 일이었는데도 이제는 머릿속이 구형 컴퓨터마냥 뒤죽박죽 엉킨다. 마치 래그가 걸려 로딩 중에 멈춘 것처럼. 나는 누구일까. 이름은 있고. 나이도 있고. 살아도 있고(응?). 근데 직업이 없다. 소속도 없다. 참고로 환자도 아니다.

"지금은 그냥 좀 쉬고 있어요."

살면서 쉴 수도 있지 쉬는 게 죄는 아니지 않은가. 당당하게 외치고 싶지만 '자발적인 쉼'과 '아파서 쉼'의 차이에서 오는 무게감은 다르다.

   서구 문화권에서는 스스로를 소개할 때 본인의 가치관이나 취미, 경험, 최근의 관심사 등을 주로 이야기한다. 내가 무엇을 좋아하고 어떤 사람인지를 설명하며 서로 다른 삶의 방식을 인정하고 존중한다. 반면 우리나라는 사는 곳, 나이, 직업 3종 세트를 기본으로 출신 학교나 고향 등을 옵션으로 언급한다. 사회적으로 기대하는 정상적인 코스(학업, 취업, 졸업 및 결혼)를 밟았는지, 유사한 특성(나이, 학연, 직업 등)을 기반으로 서로 돈독해질 요소가 있는지를 탐색한다.

   '무엇을 하고 있지 않다'는 '나를 설명하기 쉽지 않다'라는 뜻이기도 했다. 치료를 받기 위해 휴직을 하고 일을 멈추면서 중요한 정체성 하나가 사라진 것 같았다. 내 사업도, 내 회사도 아닌데 어쩌다 보니 내가 일이고 일이 나였던 건가. 살짝 당황스럽고 어이없지만 겪어보니 그랬다.

   그런데도 마음이 참 간사하다. 텅 빈 공간을 메우고 평범한 일상을 간절히 원했지만 막상 밥벌이를 포함한 찐 일상으로 돌아가려니 덜컥 겁이 난다. 현실적으로 일터가 즐거움과 보람, 의미가 넘쳐 매일 너무나도 가고 싶은 공간이기는 쉽지 않으니까.

특히 진단 직후에는 암덩이의 원인이 회사에서 받은 스트레스가 아닐까 하고 원망했다. 직장 생활에서 피할 수 없는 관계의 갈등, 능력과 헌신의 기대치에 부합하지 않는 평가와 보상, 불합리한 업무 프로세스, 갑갑한 의사결정 구조와 문제가 발생했을 때 누구도 책임지지 않는 아이러니함, 결정적으로 이렇게 느끼면서도 소처럼 묵묵히 일해야 직성이 풀리는 기질.

한동안 자조와 분노로 무장해서 불을 뿜었다. 주절주절 쏟아냈지만 시간이 흐르고 보니 직장인치고 저 정도는 다 겪는 일이었다. 월급에 다 포함해서 퉁 치는 게 암묵적인 룰이다. 어쩌면 느닷없이 찾아온 병에 대한 원망의 대상이 필요했는지도 모른다. 억울해 죽겠으니 '아무나 한 놈만 걸려라' 하는 심정이었달까. 대상이 남편이었으면 가정에 위기가 왔을 텐데 딱히 분노를 내뿜어도 받아줄 실체가 없는 회사였던 게 참 다행이다.

여하튼 다시 일을 할지 말지 고민하니 스트레스가 차올랐다. 암에 가장 안 좋다던데. 재발이라도 할까 봐 걱정된다. 먹고사는 것보다 목숨이 더 중요하니까. 한편으로는 예전처럼 무쇠같이 일하지도 못할 텐데 눈칫밥을 먹지 않을지 신경 쓰인다. 경주마처럼 달리지도, 그렇다고 맘 편히 걷지도 못하고 전전긍긍할 모습이 눈에 선하다.

 '굳세어라, 금순이!' 모드로 마음을 단단히 먹어도 비루해진 체력으로 동분서주하는 일상을 버틸 수 있을까? 무시무시한 암성 피로가 찾아오면 체력은 예고 없이 영점으로 수렴한다. 일명 수직 낙하. 조짐이 보이면 일단 바로 쓰러져 쉬어야 한다. 그런데 내가 사장도 아니고 누가 내 몸 상태에 맞춰서 일정을 잡는단 말인가. "저는 10분 후면 체력이 방전될 예정이오니 회의를 미뤄주세요"라거나 "지금은 힘들어서 급한 일은 처리할 수 없습니다. 잠시 후 다시 연락 주세요"라고 말할 수 있을 리가.

 상황이 허락해도 바닥에 머리 붙이고 쉴 공간도 없다. 소중했던 휴게 공간은 코로나19의 여파인지 흔적도 없이 사라졌다고 했다. 업무는 이미 손 놓은 지 꽤 오래돼 가물가물했다. 더욱이 항암 치료의 부작용인 케모 브레인 때문인지 기억력은 종종 3초 만에 리셋됐다.

 암경험자라는 생소한 위치에서 다시 시작해야 한다. 내가 멈춘 동안 동료들은 저만치 가버렸다. 이런 상황에서 1인분은 할 수 있을까? 예전처럼 두세 명 몫을 하기란 언감생심이다. 월급을 받는 만큼만 하면 될 거라 생각했는데, 선뜻 그렇게 할 수 있으리라 답하지 못하는 스스로에게 자괴감이 몰려왔다. 일하는 것만큼은 자신 있다고 자부하던, 밤을 새서라도 주어진 몫은 해내던 패기만만함은 사라졌다.

40대의 암경험자. 한 직장에서 쭉 근무한 사무직 회사원. 같은 업무를 오래 했으니 대체 불가한 장인 내지 전문가라면 좋으련만 내세울 만한 특별한 기술이나 경력은 없다. 열심히 살았다 싶지만 막상 회사와 직책을 떼니 허당이다. 퇴직하는 선배들이 이런 마음이었을까. 선배들은 애들이라도 다 컸지. 나는 한창 벌고 일할 나이에 철퍼덕 엎어졌다.

속 모르는 이들은 암까지 걸린 마당에 굳이 일을 하냐며 곱지 않은 시선을 보내지만 아직 우리 아이들은 어리고 직장은 정년이 보장되지 않는다. 잘 굴러가지 않는 머리로 열심히 셈을 해본다. 역시나 객관적으로 판단하면 복직해서 이곳에서 뼈를 묻어야 한다(물론 비유일 뿐 깔끔하게(?) 정년까지만 다닌다는 의지를 불태운다. 정년 연장까지 꿈꾸며). 동시에 암 때문에 일자리를 잃거나 구직의 어려움을 겪는 분들에 비하면 배부른 고민이라는 죄책감도 든다.

감사한 마음으로 다시 일터로 돌아가고 싶고 돌아가야 하는 걸 아는데 마음 한편에 뭔가 얹힌 것 같다. 스트레스로 인한 재발에 대한 두려움, 예전 같지 않은 체력에 대한 걱정, 결정적으로 땅굴을 파고 들어간 자존감. 복귀. 간절히 돌아가고 싶던 일상의 마지막 단추인데 막상 눈앞에 닥치니 어렵기만 하다.

긴퇴양난.
쉼도, 일도 어렵다

 암경험자는 암이라는 공통 분모가 있지만 나이, 직업, 상황이 모두 다르기에 암 진단 이후에 서로 다른 어려움을 겪는다. '건강을 잃으면 모든 것을 잃는다'라는 말이 있다. 맞는 말이기는 한데 건강만큼 기본적이고 중요한 문제가 바로 먹고사니즘이다. 일을 하고 돈을 벌어 가족을 부양해 온 경우라면 더욱 그렇다. 병은 건강뿐만 아니라 한 가족의 생계와 연결된다.

 암환자를 위한 지원제도에 대해 블로그에 글을 쓴 적이 있다. 국가에서는 중증질환자를 위해 의료비나 긴급 생활비를 지원하는데 미처 몰라서 혜택을 받지 못하는 경우가 많다. 며칠 후 30대 여성이 글이 도움이 됐다며 고맙다는 댓글을 남겼다. 이런 제도가 있는 줄 몰랐는데 덕분에 몇 가지를 신청했다고 했다.

  그녀는 싱글 맘으로 두 아이를 키우며 열심히 살다가 암을 만났다. 넉넉하지는 않아도 단란했던 삶은 병에 걸리면서 달라졌다. 다른 선택지가 없기에 치료와 일을 병행했다. 그나마도 직장에서 배려해줘서 가능했다. 하지만 잔업과 휴일 근무를 못 하니 수입은 줄었고 생활비는 더 줄이기가 어려웠단다. 어디선가 저소득층을 위한 의료비와 생활비 지원제도가 있다는 말에 알아보다가 내 글을 본 것이다.

  가장으로서의 책임감이라는 말에 떠오르는 이가 있다. 50대의 암경험자인 그는 친한 블로그 이웃이자 든든한 인생 선배다. 이런저런 고민으로 힘든 기색을 살짝만 내비쳐도 귀신같이 알아챘다. 삶을 대하는 의연함과 지혜로 '뭣이 중한디'라는 교훈을 날려주며 고민의 늪에서 허우적거리는 나를 끄집어내 줬다.

  그는 아픈 와중에도 무거운 책임감을 느꼈다. 항암 치료가 지속됐고 잠시 일을 쉬었다. 초반에는 놀란 마음에 주위를 둘러볼 겨를이 없었는데 조금 지나니 아내와 고등학생 아들의 가장 역할을 못해 민망해했다. 얼마 후 그의 아내는 파트타임으로 일을 시작했다.

"당신은 우리 위해서 20년 넘게 일했잖아요. 잠시 쉬어도 돼요. 나도 집에만 있었는데 바람도 쐬고 좋지, 뭐."

웃으며 이야기하지만 바깥일을 해본 적 없는 사람이 얼마나 힘들지 알기에 그저 미안했다. 그걸로 생활비가 충당될 리 없는데 매달 어떻게든 융통하는 눈치다. 답답한 마음에 병원에 다녀올 때는 작은 희망을 담아 로또 한 장을 산다. 농담처럼 "이번에는 일등"을 외치지만 웃는 게 웃는 게 아니다. 가족의 힘듦을 알면서도 아무것도 할 수 없는 무력감과 조급함이 얹혀졌으리라.

직무 연관성으로 산재 신청을 했지만 회사에서는 인정하지 않았다. 청춘을 바친 곳인데 정작 아프니까 나 몰라라 하는 것 같아 씁쓸해했다. 승인이 되면 마음 편하게 치료받을 텐데. 아픈 몸으로 방대한 자료를 준비하고 하루가 꼬박 걸리는 심의회에도 참석했다. 단순한 오기 때문이 아니라 당연한 권리니까. 그가 늘 말하던, 사람답게 살기 위해 포기할 수 없다고 했다.

치료가 기약 없이 이어지는데 계속 쉴 수는 없었다. 몸은 쉬어도 쉬는 게 아니었고 마음은 더 불편해졌다. 암에는 스트레스가 좋지 않다고 해 그만둔 것이었는데 돈을 벌지 못하고 가장으로서 위신이 서지 않는 것은 경험해보지 못한 당황스러운 스트레스였다. 가끔 아내 모르게 아이에게 용돈을 건네며 "필요한데

써"라고 하면서 씨익 웃던 모습이 그립다. 돈의 액수를 떠나 아빠로서 자부심에 어깨가 으쓱했는데.

경제적 어려움에서 파생하는 문제와 일에서 오는 스트레스 사이에서 고민했다. 그는 다시 일을 하기로 선택했다. 체력도 걱정되고 컨디션도 돌아오지 않았다. 하지만 모든 걸 다 가질 수는 없다. 무엇보다 제 식구도 제대로 건사하지 못하고 몸만 챙기는 게 무슨 의미가 있나 싶었다.

형편이 넉넉해서 치료비나 먹고살 걱정이 없다면 좋겠지만 평범한 일상을 살아가는 대부분의 이에게는 쉽지 않은 이야기다. 아픈 것도 놀라고 서러운데 치료비와 생계에 대한 걱정까지 더해진다. 나의 병 때문에 가족들이 경제적으로 힘들어하는 모습을 보는 게 얼마나 힘들고 무력감이 느껴질지.

나는 맞벌이였다 보니 경제적인 부담은 상대적으로 덜했다. 수입이 줄었지만 생활비는 충당할 수 있어 다행이었다. 한편으로 가족부양이라는 위대한 책무를 남편에게 전적으로 하사했다. 농담인 듯 진심을 담아 은근히 압박했다. 그러다 문득 둘 다 아프면 어쩌나 싶었다. 그도 아프지 말라는 법은 없다. 건강하던 나도 갑자기 암에 걸렸는데 남편은 가뜩이나 원래도 잔병을 달고 산다. 만일 그렇게 되면 네 식구가 속절없이 손가락만 빨아야 하나. 서글픈 장면이 상상돼 소스라치게 놀랐다. 돈 걱정 없이 치료받고 회복할 수 있다면 참 좋을 텐데.

평범한 일상을 살던 내가 그랬던 것처럼 병은 누구에게나 찾아올 수 있다. 대체로 나와는 상관없다고 생각하지만 어느 날 갑자기 그렇게 모습을 드러낸다. 그제야 비로소 누군가가 아닌 나의 일이 된다.

암으로
내 삶까지 멈춘 걸까

    2022년에 출간한 첫 책, 《유방암이지만 괜찮아》 덕분에 2030 암생존자를 위한 프로그램에 멘토로 참여하게 됐다. 마흔 살도 젊다고 생각했는데 2030이라니. 띠동갑도 훌쩍 넘는 20대 청년들과 만나서 이야기를 나눴다. 앳된 얼굴을 직접 마주하니 내가 어르신이 된 느낌이다. 그들은 보통의 그 시기 청년들처럼 학업, 진로, 취업, 인간관계, 연애 등에 대해 고민했다. 그런데 한 가지, 암경험자라는 타이틀만 다를 뿐인데 앞으로 펼쳐질 긴 인생의 방향과 감당할 몫도 달라졌다.
    멘토로 갔다가 이야기를 들으며 오히려 배우고 반성했다. 어린 나이에 시련을 겪고 단단해진 모습에서 삶을 대하는 태도를 배웠다. 학교에 다니는 것조차 쉽지 않았고 아픈 자식을 보살피는 부모님께도 미안했단다. 그래도 지금 이렇게 하루하루 일상을 보낼 수 있는 걸 감사해했다. 다만 이제 많이 회복하고 안정됐지만, 여기까지 이르는 과정은 쉽지 않았다는 말을 덧붙였다. 암경험자로서 앞으로 살아갈 날을 어떻게 마주해야 할지 고민이 돼 프로그램을 신청했다고 한다.

평균 수명 100세 시대, 나는 암경험자로서의 시간이 삶의 절반 정도일 테지만 이 청년들은 삶의 대부분을 암경험자로 보낼 터다. 억울하다고 응석 부리던 나의 모습이 부끄러웠다.

젊은 암경험자에 대해 관심을 가지게 된 즈음 작은 자조 모임에 참여했다. 자조 모임에서는 암경험자들과 감정과 경험을 공유하며 위로와 힘을 얻기에 치료 후에도 종종 참여하고 있다. 멘토 프로그램 때의 일이 생각나서 어린 친구들은 우리가 알지 못하는 나름의 어려움이 있더라고 말했다. 그 말에 누군가가 지인 딸의 이야기를 들려줬다.

20대인 그녀는 무탈하게 자라서 대학을 졸업하고 좋은 회사에 취직했다. 적극적이고 활발한 성격에 똑똑하고 욕심도 많았다. 일도 자기 계발도 열심인 늘 자랑스러운 딸이었단다. 그랬는데 암환자가 누구나 그렇듯 어느 날 암에 걸렸다. 초기라고 생각했지만 결과가 좋지 않았다. 치료가 길어졌고 회사 규정상 휴직 연장이 어려워 결국 퇴사를 했단다.

힘들게 들어간 직장이 아까웠겠지만 젊은 아가씨가 민머리에 쪼그라든 마음으로 사람들과 부대끼기는 힘들지 않았을까 싶다. 만약 치료가 끝날 때까지만이라도 휴직이 가능했다면 돌아갈 용기를 낼 수도 있지 않았을까. 그렇게 불과 1년 사이에 그녀는 미래가 유망하던 청년에서 실직한 암경험자가 됐다.

치료를 마친 지 꽤 됐지만 아직 일을 하지는 않는다고 했다. '회복을 위한 쉼'이라는 자발적인 선택이라면 좋을 텐데, 혹시 직장을 구하는 게 어렵지는 않은지 마음이 쓰였다. 치료로 인한 공백기와 체력 저하, 경력이라기엔 다소 짧은 업무 경험. 일반적으로 사회에서 요구하는 것들과 멀어진 상태니까. 암을 경험했다고 모든 능력이 사라지지는 않는데.

부모 마음이야 자식의 건강이 제일 중요하니 일단 무조건 쉬라고 하지만 본인의 속은 어떨는지. 사회에서 제 몫을 하던 청년이 다시 부모에게 경제적으로, 정서적으로 오롯이 의지하게 된 상황이 죄송스럽지 않았을까. 당연한 줄 알았던 평범하고 정상적인 궤도를 벗어나 혼자 뚝 떨어진 듯한 소외감을 느끼지 않았을까. 수다쟁이 아줌마인 나는 어디서 하소연이라도 할 텐데 혼자 속을 끓이진 않을지 안쓰러웠다. 걱정할 부모님에게도 친구들에게도 쉽게 마음을 열 수 없을 테니까.

　최근 2040 암경험자 자조 모임도 늘고 있지만 그 문을 두드리기가 쉽지 않다. 한 발자국만 뗄 수 있으면 좋은데 그 한 걸음이 무척이나 어렵다. 그녀를 만나 두 손 꼭 잡아주고 싶은 마음은 굴뚝같지만 섣부른 오지랖인가 싶어 그저 마음으로 깊이 응원한다.

　암 진단 후의 고용 보장은 암경험자들에게 경제적뿐만 아니라 정서적으로 큰 힘이 된다. 속한 곳, 돌아갈 곳이 있다는 것, 누군가가 회복을 응원하며 기다린다는 믿음은 치료와 회복, 나아가 삶으로의 의지를 다잡는 든든한 기반이 된다.

　생애 주기상 20대에는 사회 활동을 시작하거나 커리어를 쌓는다. 30~40대에는 자녀 양육과 부모 돌봄의 책임을 지면서 활발하게 경제활동을 한다. 예전에 암은 주로 60세 이상 고령에서 발병했는데, 최근에는 10년 전에 비해 2040 암 유병자 수가 세 배에 달할 만큼 증가하고 있다. 아직 그 기간이 오래되지 않아 젊은 암경험자의 관점에서 어려움을 이해하거나 돕는 제도는 부족한 편이다.

  암 치료 후 취업의 벽은 암에 걸리기 전보다 더욱 공고해진다. 암경험자에 대한 부정적인 인식이 채용 과정에서 드러나지 않는 차별로 작용하기도 한다. 여전히 회복하지 못한 사람이라는 오해, 체력이 약하거나 집중력이 부족하다는 편견, 잦은 병원 진료로 회사나 동료에게 피해를 줄 거라는 선입견 등. 이런 이유로 새로운 출발의 기회조차 가지기가 어렵다.

  물론 후유증을 회복하고 업무에 적응하려면 어느 정도의 시간이 필요하다. 그런데 암경험자라는 프레임이 씌워지는 순간 너무 가혹한 잣대가 들이밀어진다. 누구나 새로운 일을 시작하면 배워야 하고 시간이 지남에 따라 후유증은 점차 나아지기 마련인데 말이다. 심지어 아직 경력도 경험도 많지 않은 사회 초년생은 살아온 날보다 살아갈 날이 훨씬 더 많다. 아팠다는 이유로 가능성과 기회를 박탈당하는 것이 다른 이보다 더 힘들게 느껴지지 않을까?

  무한한 가능성과 설렘이 가득한 20대. 꿈을 향해 공부를 계속하거나 직장에서 첫 진급을 경험하거나 알콩달콩한 연애를 하며 행복한 결혼을 꿈꾸기도 한다. 만일 내가 20대에 암을 경험했다면 어땠을까? 프로그램에서 만난 청년들처럼 삶의 의미를 찾기 위해 다시 용기 낼 수 있었을까? 나의 의사와 상관없이 병 때문에 그간 노력해 쌓아온 것을 잃는다면 어떤 마음이 들까? 다시 시작하고 싶어도 두터운 벽 앞에서 어디서부터 무엇을 어떻게 해야 할지 막막할 것 같다. 이런 생각 앞에 나의 복직에 대한 고민은 참으로 작고 무색했다.

주위의 많은 암경험자가 비자발적으로 일을 그만두거나 일자리를 구하는 데 어려움을 겪는다. 사회인이 되는 초입에서 시련을 겪은 20대 청년이 40대인 나에게 어떻게 살아야 할지를 물었다. 뭐라고 이야기해 줄 수 있을까? 대단한 사람도 아니고 그저 병을 치료하고 일상으로 돌아갔을 뿐인데(심지어 치료 후 5년이 지나지 않아 아직 완치 판정조차 받지 못했다).

10년, 20년 후에 남들처럼 평범하게 살아갈 수 있을지 막막하다는 말이 떠올랐다. 삶을 조금 더 살아본 선배로서 암뿐만 아니라 어떤 시련에도 삶은 계속 되더라고 말해줬다. 계획대로 되지는 않아도 새로운 길이 열리고 다시 살아지더라고.

40대의 암경험자로 사회에 복귀해서 그럭저럭 살아가는 것만으로도 누군가에게 희망이 될 수 있다는 귀한 깨달음을 얻었다. 어쩌면 나에게서 20년 후 그들의 모습을 그려보는지도 모른다.

나를 지켜보고 있을 누군가를 위해 오늘의 삶을 꿋꿋이 이어가려 한다.

충분히 쉬라면서,
쉴 수는 없다고요?

 암 덕분에 맺은 좋은 인연이 참 많다. 유방암 선배인 현진 언니도 그렇다. 항암 치료로 힘든 마음을 토로한 글에 한달음에 달려와 토닥이며 손잡아 줬다. 먹고 힘내야 한다고 간식도 한아름 안겨줬다. 블로그로 몇 번 이야기 나눈 사이였을 뿐인데 왠지 직접 만나서 흔들리지 않게 잡아주고 싶었단다.

 언니는 일을 좋아하고 즐긴다. 수술 후 잠시 쉬었지만 집에 있으니 더 불안하다며 바로 복직해서 일과 방사선치료를 병행했다. 그런데 일에서 도파민을 얻는 언니도 환자가 아닌 듯 살아서 좋지만 오후에는 여지없이 체력이 바닥난다고 했다. 나에게 몸도 마음도 충분히 회복한 후에 복귀하라는 신신당부를 남겼다.

다행히 내가 다니던 회사에는 충분히 쉴 수 있는 병가 휴직 제도가 있었다. 신입 사원 빰치게 충성심이 충만해진다. 다만 휴직을 획득하려면 진단서의 벽을 넘어야 했다. 일명 '상급 병원'의 '기간이 명시된 진단서'. 회사마다 다르지만 공기업이든 사기업이든 일반적으로 비슷한 형태로 진단서를 요구한다. 나와 비슷한 케이스가 있는지 열심히 찾아보지만 강제 복귀 내지 회사를 그만뒀다는 이야기뿐이었다. 진료실에서는 보통 진단서라는 말을 꺼내기도 전에 대화가 마무리되고는 한다.

　"항암 치료도 마쳤는데 일상 복귀하셔야죠."

　(네? 저는 아직 준비가 안 됐는데요.)

　"방사선치료는 오래 걸리지 않으니까 일하면서도 가능해요."

　(치료는 10분이지만 오고 가고 대기하는 시간도 필요한데요.)

　암 치료와 회복 과정에는 수술과 항암, 방사선의 '표준 치료'라는 말은 있어도 '표준 회복'이라는 표현을 쓰지는 않는다. 사람마다 후유증의 정도나 회복의 속도가 다르기 때문이다. 암 경험자는 회복의 의미를 '예전처럼 일상생활을 할 수 있는 상태'라고 생각하지만 의료진은 치료가 필요한지를 위주로 판단한다. 서로 바라보는 관점과 상황이 다르니 교집합을 찾기가 어렵다. 의료진의 입장도 이해는 된다. 진단서는 공적인 문서고 문제가 생기면 책임이 따르니까. 그렇다 보니 표준 치료 이후에 회복에 필요한 진단서를 받기는 쉽지 않다. 제도와 현실의 간극 어딘가에서 외로운 각개전투가 펼쳐진다.

  정기검진 진료 전날 밤, 잠들지 못하고 내도록 뒤척였다. 검사 결과도 그렇지만 진단서에 대한 걱정이 한몫을 했다. 조금 더 쉬라는 의느님의 분부를 받지 못하면 선택지가 없다. 회사로 돌아가거나 그만두거나. 이런저런 상념이 꼬리를 물었다.
  '사무실에서 모자를 쓸 수도 없고 이제 와서 가발을 맞춰야 하나? 아니지. 관절통으로 허리도 잘 못 펴면서 출근을 한다고? 그런데 이렇게 등 떠밀려 복직했다가 만에 하나 다시 아프면 어쩌지? 누가 책임을 지는데?'
  스스로에 대한 책망을 넘어 세상을 향해 불을 뿜을 내 모습이 상상된다. 그렇다고 그만뒀다가 금세 멀쩡해지면 괜히 억울할 것 같다. 급기야 "아, 뇨. 이게 이럴 일이냐고요. 생사를 넘나드는 전투를 치렀는데 숨 돌릴 시간 좀 주시면 안 될까요? 치료 마치고 다시 일하는 게 신체적, 정신적으로 도움이 된다는 연구 결과는 알지만 잠깐이면 되는데요!"라고 말하며 의사에게 질척거리며 애원하는 꿈을 꿨다.

대망의 그날. 푹 눌러쓴 모자 아래 흔들리는 눈빛을 가련히 여긴 건지 아니면 문드러진 몸과 마음의 상태를 예리하게 간파한 건지. 감히 의느님의 속마음까지 헤아릴 수는 없지만 그는 친히 진단서를 하사했다. '안정 가료가 필요함'이라는 문구가 선물해 준 쉼 속에서 조금씩 자라는 머리카락의 속도만큼 쪼그라든 마음도 펴지기 시작했다. 생존을 향한 강한 본능은 부작용에 차츰 적응하더니 어느새 직립보행까지 시켜줬다. 외면하고 싶었던 일터에 가는 것에 대해서도 '해볼 수 있지 않을까?' 하는 생각이 꿈틀거린다. 굳게 닫혔던 마음의 문이 열리기 시작했다.

다행히 나의 이야기는 해피 엔딩이지만 마냥 좋아하기에는 조금 씁쓸하다. 만일 바라는 대로 되지 않았다면 지금 어떤 모습일까. 국가암정보센터에서 발행한 〈암경험자를 위한 사회복귀 안내서〉에는 이렇게 적혀 있다.

> 직업 복귀의 시기는 개인마다 다릅니다. 개인의 신체적 정신적 경제적 상태와 일의 종류와 강도 등을 가지고 담당 의료진과 논의해 결정하시는 게 좋습니다.

휴직 제도가 갖춰져 있어도 복병인 진단서를 발급받지 못해

회복할 시간을 가지지 못하거나 그만두는 경우가 종종 있다. 쉴 수 있고 쉬라고도 하는데 쉴 수 없는 아이러니다. 일반적인 근무 환경이나 제도는 사회가 발전할수록 나아지고 있다. 특히 근로자가 아플 때 쉴 권리에 대한 제도도 개선되고 있다. 다만 실제로 활용이 되는 것은 별개의 문제다. 예전에 육아휴직 제도가 있어도 쓰기는 어려웠던 것처럼.

새롭게 보완하는 것도 중요하지만 있는 제도부터 잘 활용돼야 하지 않을까? 의료진과 환자, 회사와 직원 간 눈치 싸움의 영역으로 덮어두지 말고 보이지 않는 장애물이 사라지면 좋겠다. 암을 비롯해 질병 치료 후 몸과 마음을 추스르는 회복의 시간은 사회 구성원으로 돌아올 용기를 싹트게 하는 마중물이니까.

자조 모임에서 만난 30대 간호사 지영 씨도 복직과 퇴사 사이에서 고민 중이다. 방사선치료를 앞둔 시점에 직장에서 연락이 왔다. 휴직 제도가 있지만 인력 운영상 연장이 어렵다고 했다. 복직해서 치료를 받든지 그만두는 게 어떠냐. 그녀는 설사 복직을 하더라도 병동 3교대 근무는 힘들 것 같아 외래 근무로 변경을 요청했지만 받아들여지지 않았다.

아직 힘든 걸 아는데 일단 해보라고 하기도, 무작정 그만두라고 하기도 애매하다. 암 이후에는 늘 생각지 못한 난해한 선택에 맞닥뜨린다.

글쓰기, 더 이로운 연결을 꿈꾸다

 인생에서 가장 치열했던 1년. 칼로 도려내고(수술) 약을 뿌리고(항암) 불로 태우고서야(방사선) 암순이와 작별했다. 간절하게 갈구한 두 번째 삶을 얻었는데 마음이 허하다. 환자와 일반인 사이의 어딘가에서 정처 없이 헤맨다. 뭐라도 안 하면 못 견디는 성질도 함께 사라진 건지 한동안 하릴없이 멍 때리는 시간을 가졌다. 친구를 만나도 그들과 다른 내 모습만 도드라져서 마음에 박힌다. 뭐라도 해보려니 성치 않은 몸뚱이에 다시 움츠러든다.
 다행히 마음 저 한구석에서 다시 살아내고 싶은 욕망의 씨앗이 움트고 있었나 보다. 하긴, 늘 바쁘게 살았는데 이런 시간이 또 언제 있겠나.

'이제 뭘 해야 하지? 내가 좋아하는 건 뭘까? 어떤 순간에 행복할까? 지금 난 무엇을 할 수 있지?'

아프기 전과 지금의 삶을 짚어본다. 재테크 공부를 다시 해볼까? 실컷 건강 이야기를 하다가 갑자기 돈이라니 너무 속물 같으려나. 그런데 아파 보니 돈도 중요했다. 다다익선은 아니지만 나를 지킬 수 있는 강력한 보호막 중 하나다. 늦게 배운 도둑질이 무섭다더니 뒤늦게 돈 공부에 재미를 붙였다.

내심 아프지 않았다면 지금쯤 경제적 자유를 이루고 유유자적 살고 있지는 않을까 하는 상상도 해본다. 하지만 현실은 정점을 찍지 못하고 병으로 어쭙잖게 멈췄다. 무엇을 어디서부터 다시 시작해야 할지도 모르겠다. 돈으로 건강과 행복이 100퍼센트 보장된다면 몰라도 예전만큼 의욕이 불타오르지 않는다.

평생 관리해야 하는 처지에 당첨됐으니 건강에 집중해 볼까? 꼬리가 긴 유방암이라 방심하면 안 된단다. 슬쩍 훑어만 봐도 내용이 무궁무진하다. 미지의 영역인 만큼 양방, 한방, 대체의학, 기능의학, 자연치유 등 방법이 방대하다. 이론뿐만 아니라 실천해야 하는 식습관, 운동, 마음 관리까지. 몸을 잘 돌봐야 하는 건 알지만 성격상 한 번 꽂히면 헤어나지 못할까 두려워 다른 방향으로 시선을 돌린다.

아무 생각 없이 놀아볼까? 놀아본 사람이 잘 논다고, 생산적인 무언가를 하지 않는다는 게 다소 어색하다. 현실적으로는 체력과 수입이 반 토막 났다. 아이들의 생활 습관과 학습도 여기저기 구멍이 났다. 마음 편히 놀 수 없다면 진짜 노는 게 아니니 깔끔하게 패스한다.

어느 날 블로그에 '어쩌죠? 술에 잔뜩 취했어요'라는 자극적인 제목의 글을 썼다. 꿈속에서 넙죽넙죽 술을 받아 마시며 알딸딸한 행복감에 취했다가 갑자기 신분을 자각하고 허둥지둥 놀라며 깬 웃픈 이야기였다. 암경험자의 숙명인 강제 금주령에 대한 하소연과 아쉬운 마음을 담았을 뿐인데 반응이 열화와 같았다.

> 구구절절 공감 만땅이에요. 저도 아이 재우고 마시는 맥주 한 캔이 삶의 낙이었네요.

> 예전에는 남편이랑 마시는 소주 한 병의 행복으로 살았는데. 대신 이제 소주잔에 탄산수 먹어요.

> 에고, 술이 고프셨군요. 다음 꿈에서는 부디 암환자 되지 말고 즐겁고 행복하게 한 잔 쭉 드세요.

꿈에서는 마음껏 마실 수 있다는 깨달음을 얻었다. 나름 운치 있게 소주잔에 탄산수를 따라 마시라는 팁도 전수받았다. '좋아요' 알람에 입꼬리가 올라간다. 같은 마음이라는 댓글에 마음이 훈훈해진다. 비록 금주령이 해제되지는 않지만 나만 이런 줄 알고 의기소침하고 아쉬웠던 마음을 나누며 위로받는다. 경험으로 획득한 깨알 같은 팁에 무릎을 탁 치기도 한다.

'그래. 이거다. 왜 이 생각을 못했지. 글쓰기다! 유레카!'

먹고살기 위한 보고서가 아닌 순수한 목적의 글쓰기를 배운 적은 없다. 그러다 병을 만나고 차곡차곡 300여 편을 썼다. 초반의 글은 '오늘도 즐겁고 재미있었습니다' 내지 '저도 꼭 훌륭한 사람이 되겠습니다' 같은 초등학생의 짧은 일기와 견줄 만하다. 하지만 쓰면 쓸수록 살이 붙고 분량도 길어졌다. 항암 중 퉁퉁 부은 손가락으로 자판을 두드렸다.

글을 쓰는 동안은 아픈 걸 잊었다. 아프다는 사실은 바뀌지 않지만 잠시 아픈 나를 바라보는 또 다른 내가 됐다. 때로는 안쓰럽고 때로는 칭찬도 하고 때로는 토닥거렸다. 무엇보다 쓰는 행위 자체가 즐거웠다. 유려한 문장력이나 촉촉한 감성과는 멀고 멀지만 뭐 어떠랴. 오랜 블로그 이웃은 나의 글이 담백해서 좋다며 퍽퍽한 감수성을 미화해준다.

> 🧑 경험하지 않으면 절대 알 수 없는 유용한 팁 정말 감사해요.
>
> 🧑 제 마음을 써 놓은 줄 알았어요. 격하게 공감해요!
>
> 🧑 뒤따르는 후배가 열심히 응원하고 있어요. 파이팅!

글은 솜씨가 아니라 마음으로 쓰는 거라는 주장을 펼친다. 저절로 입꼬리가 올라가는 신나는 유희 활동이다.

작은 경험이지만 누군가에게 도움이 되고 싶은 마음으로 글을 썼다. 그런데 글을 읽고 마음을 나눠주는 이들에게 위로받고 힘을 얻었다. 환우 카페 멤버, 블로그 이웃, 관련 정보를 찾으러 온 암경험자, 보호자들과 소통하며 치유받았다. 얼굴을 맞대고 이야기 나누지 않았지만 진심이 오롯이 담긴 댓글들은 농밀하고 순수하게 느껴졌다. 잘 살아가기를 응원해주고 지켜봐 주는 이들은 힘든 시간을 견디게 해주는 단단한 버팀목이었다.

천성적으로 소심한 트리플 에이형이라 도전과 실패가 두려웠다. 하지만 이제는 안다. 처음부터 잘하는 사람은 없다. 설사 실패하더라도 죽고 사는 것도 아닌데 까짓것 뭐. 게다가 글을 쓰는데는 돈도 들지 않는다. 꾸준한 시간과 노력이 필요할 뿐 밑져야

본전이다. 조금 무모하고 실패로 끝날지도 모르지만 쓰는 것만으로도 충분히 즐거우니 그걸로 됐다.

  암을 만나 힘들었지만 덕분에 누군가와 나눌 수 있는 특별한 경험이 생겼다. 우여곡절의 시간은 새로운 기회로 연결되기 위한 성장통이었는지도 모른다. 이 시간을 글로 정리함으로써 인생의 한 챕터를 아름답게 갈무리할 수 있지 않을까. 작은 도전이 멈췄던 삶을 다시 시작할 수 있는 밑거름이 될 것 같다.

  예전의 나처럼 방황할 이들을 위해 책을 쓰기로 했다. 친한 언니가 옆에서 이야기해 주는 것처럼 덜 외롭고 덜 무섭고 덜 헤매도록 돕고 싶다. 누군가를 위해 쓰는 글은 결국 나를 치유하고 다시 일으켜주는 힘이 될 테니까. 오랜 방황 끝에 찾은 해보고 싶은 일, 글쓰기. 새로운 출발을 향한 첫걸음을 내디뎠다.

  치료 중에 쓴 글을 다시 읽고 정리했다. 당시의 느낌, 사람들과의 관계, 실질적으로 필요한 정보까지 많은 일이 기억났다. 쓰면서 울었고, 첫 책을 손에 든 순간에는 더 많이 울었다. 슬픔과 막막함을 잘 견딘 내가 기특해서, 따스하게 응원해 준 이들이 고마워서, 지금 이 순간이 감사해서. 무엇보다 이제 상처가 아물고 마음이 단단해졌다는 것을 깨달았다. 움츠러들어 외면하고 덮어뒀던 사회복귀도 슬쩍 열어보며 고민해 볼 수 있을 만큼.

첫 책 출간으로 생각지 못한 많은 선물을 받았다. 자조 모임에서 만난 분에게 진단 직후에 내 책이 도움이 됐다는 감사 인사를 받았다. 궁금한 내용에 대해 메일을 받기도 했다. 한 소아암 어린이의 어머니는 항암 중 아이의 마음과 몸 상태를 간접적으로나마 알게 됐다며 고마워했다. 같은 워킹 맘으로 삶을 대하는 자세가 인상 깊었다고도 했다. 나같이 평범한 보통 사람도 누군가에게 도움이 된다는 건 신비로운 경험이었다.

글로 소통하던 고마운 이들은 이후의 내 행보를 궁금해했다. 과연 다시 일을 할지, 그만둘지. 특히 잠시 일을 쉬고 있는 암경험자들의 걱정 반, 호기심 반의 뜨거운 눈빛이 느껴졌다. 롤 모델 같은 거창한 타이틀을 노리기보다 아팠어도 다시 일하는 모습을 보여주고 싶었다. 먼저 경험한 누군가가 있다는 것만으로 힘이 되는 걸 아닐까.

암경험자의 사회복귀, 조금은 걱정되고 두렵지만, 포기하지 않고 시도하는 것만으로도 충분하다. 혹시 사회복귀 후 좌충우돌하는 시간을 가감 없이 기록한다면? 맨땅에 헤딩하며 얻은 뼈아픈 노하우를 알려준다면? 후배들에게 나름 유용한 팁이 되지 않을까. 멋지게 성공한 영웅은 아니더라도 척박한 환경에서 포기하지 않고 용기 낸 개척자가 될 수도, 무사히 사회에 안착한 이들의 이야기를 전해주는 메신저가 될 수도 있다. 더 많은 이에게 희망의 에너지를 전달하면서 말이다.

글쓰기를 통한 치유와 은밀한 자기 돌봄을 다룬 책《어떻게 쓰지 않을 수 있겠어요》의 이윤주 작가는 말한다. "더 이로운 연결을 꿈꾸며 쓴다"라고. "누구나 지나치게 외로운 처지에 빠지지 않을 권리가 있고, 누구에게나 닿을 사람이 필요하다"라고.

집과 회사, 몇 명의 친구로 한정됐던 나의 세계. 자발적으로 누군가와 관계를 맺고 도울 만큼 이타적이지 않았다. 주변의 도움 없이 혼자서도 잘 살 수 있으리라 생각한 무지와 착각을 글쓰기를 통해 깨달았다. 나의 세계는 글을 쓰며 조금씩 확장됐고 속내가 담긴 글을 통해 서로를 이해하며 연대감을 느꼈다.

치료와 회복 그리고 사회복귀의 기록을 통해 누군가와 연결되기를 소망한다. 으쌰으쌰 요란한 응원은 아니지만, 그저 묵묵히 내 몫을 하며 조곤조곤 이야기를 들려주는 것만으로도 좋은 에너지를 주리라 믿는다. 이로운 연결의 어느 부분이 되기를 꿈꾸며 오늘을 살아내고, 글을 쓴다.

다시 일한다고?
효도 포인트 대량 획득!

농담처럼 '인생은 자력갱생'이라 말했다. 심지어 암과 맞닥뜨리고도 '이는 오롯이 내가 감당하고 견뎌야 할 힘듦'이라고 생각했다. 그런데 미처 주위를 둘러보지 않아 깨닫지 못했을 뿐 혼자가 아니었다.

곁에는 늘 나 대신 아플 수 없어서 더 힘들었을 가족들이 있었다. 긴 시간 쓰러지지 않도록 나를 붙잡아 주고 혹시나 넘어질까 봐 눈을 떼지 않고 받쳐줬다. 그 길을 걷는 나만큼이나 힘들게 지켜보며 내가 돌아오기를 묵묵히 참고 기다려줬다. 서로에게 기대어 버틴 시간은 우리를 더욱 끈끈하게 만들었다.

어느새 일흔이 된 모친 이경연 여사. K-모녀가 다 그렇듯 우리는 유독 돈독하고 유대감이 강하다. 어릴 적 엄마는 카리스마 그 자체였다. 그렇다고 무섭기만 하진 않았다. 빡빡머리에 부분가발을 쓰고 스스로 마빡이 같다며 깔깔거리던 유머 감각은 엄마의 강력한 유전자에서 나왔다.

엄마는 홀로 두 남매를 키우느라 일찍부터 N잡러의 삶을 살았다. 이제 다 키워놓고 유람하며 꽃구경 다닐 황금기에 철없는 딸은 갓난쟁이 애를 맡겼다. 서로 윈윈이라고 주장한 나의 궤변은 이랬다.

"엄마는 예쁜 손자를 내도록 보면서 용돈을 벌고, 살림도 육아도 엉망인 나는 나가서 돈을 버니 서로 좋지!"

엄마는 눈을 흘기면서도 힘들게 공부해 키운 능력 쓰지도 못하고 주저앉으면 안 된다고 억척스럽게 살림과 육아를 도맡아줬다. 어느새 갓난쟁이들은 엄마 키만큼 훌쩍 자랐다. 이제라도 삶의 여유를 찾아주려던 즈음 내가 암을 맞닥뜨렸다. 엄마는 오열했다. 왜 내 딸이냐고. 젊은 것이 무슨 죄냐고. 그 와중에도 그놈의 암은 양심도 없다는 분노의 멘트를 날렸다. 도대체 있는지 없는지도 모르는 가슴 어디에 생길 데가 있냐며.

엄마는 며칠을 꼬빡 앓아누웠다. 그러더니 언제 아팠냐는 듯

훌훌 떨치고 일어났다. 내 자식을 지키겠다는 결의를 음식에 오롯이 담았다. 암에 좋다는 식재료와 요리법에 간절함이 더해졌다. 커다란 들통 한가득 늘 무언가를 끓이고 볶고 삶았다. 걱정과 불안을 잊고 뻘뻘 흘린 땀과 정성만큼 딸이 건강해질 거라는 소망이 담긴 엄마만의 소중한 의식이었다. 항암 중 아무것도 입에 들어가지 않았지만 쓰지도, 맵지도 않은 엄마의 요리는 먹을 수 있었다. 극진한 정성이 독한 항암 약도 무찌른 걸까. 치유의 음식은 힘든 시간을 버티는 힘이 됐다.

치료가 끝난 후 엄마의 화려한 잔소리가 이어졌다. 방심하지 말고, 스트레스받지 말고, 잘 먹고, 잘 자고, 운동도 하고 등. 당부의 피날레는 한결같았다.
"몸 먼저 챙겨. 아프면 다 소용없어. 일은 아무것도 아니야. 그만큼 했는데 이제 그만해도 돼!"
당장이라도 일을 그만두라고 할 기세였다. 복직을 할지 말지 고민의 무한 루프에 빠져 있던 어느 날. 여느 때처럼 자칭 비서실장 자격으로 엄마 휴대폰에서 각종 공과금과 광고 문자를 정리했다. 그러다가 우연히 눈에 띈 친구분과의 메시지. 할머니 대부분의 주특기이자 취미거리인 자랑 배틀이었다. '사생활은 지켜줘야지' 하면서도 이번에는 뭐였을지 궁금해 어느새 손가락이 향한다.

> 우리 딸 과장으로 승진했어. 주위에서 잘한다고 엄청 칭찬도 하고 챙겨주나 봐. 월급도 많이 올랐다네.
> 참, 딸 몸은 괜찮아? 이제 회사는 그만두는 거지?

늘 그렇듯 친구분의 선공으로 시작됐다. 흠, 과연 이 여사는 어떤 방어 전략을 구사했을지.

> 이제 몸은 많이 회복됐지. 더 쉬면 좋은데 회사에서 자꾸 연락이 온다네. 아직 한창 젊을 때잖아. 부장까지 됐는데 그만두기는 아깝고. 일을 안 해서 안 아프면 그만두면 되는데 그것도 아니고.

짝짝짝. 역시 추호의 빈틈도 없는 철벽 방어다. 그것도 모자라 역공까지 펼치다니. 그러나 승패와는 별개로 당황스러웠다. 당장 그만둬도 된다며 단호함의 끝판을 보여주던 분은 어디에? 들킬세라 얼른 휴대폰을 닫았다.

마침 그날, 매일 아기 새처럼 날름날름 반찬을 얻어먹는 게 멋쩍어서 두께는 얇지만 마음은 두둑한 용돈 봉트를 내밀었다. 그런데 엄마가 손을 내젓는다. 설마 안 받는다고? 벌지도 못하면서 웬 돈이냐고 거부한다. 무안하고 당황스러웠다. 용돈은 액수와 무관하게 이 여사의 엔도르핀 생성제였다. '힘들게 키운 자식이 앞가림하며 번 돈'이라는 뿌듯함과 기쁨이었다. 똑같은 돈인데, 밥벌이를 하지 못하는 내 포지션의 변화가 모녀 사이에 용돈조차 주고받기 부담스러운 상황을 연출했다.

언뜻 이 여사가 유일하게 내세울 건 자식밖에 없다고 스치듯한 말이 떠올랐다. 돌이켜 보니 엄마는 애들이 어려서 한창 힘들 때도 절대 일을 놓지 말라고 신신당부했다. 남자가 아무리 많이 벌더라도 여자도 경제력이 있어야 한다고 했다. 집에만 있으면 퍼진다고. 밖에 나가야 옷도 좀 챙겨 입고 화장도 하지 않느냐고.

혹여나 이대로 직장을 그만두지 않을까 하고 얼마나 속을 끓였을까. 다시 일을 할까 싶다가도 그러다 또 아프면 어쩌지 하고 이러지도 저러지도 못하던 나. 차마 표현하지 못했을 뿐 엄마도 같은 마음이었나 보다. 다시 사회로 돌아가 제 몫을 하는 모습을 보고 싶지만 혹여나 다시 아프면 어쩌나 노심초사하면서.

"나 복직하려고! 집에서 놀면 뭐 해. 잘하지도 못하는 살림에 삼시 세끼 차리는 것보다 차라리 일하는 게 나을 거 같아. 일단 가서 살살 해보고 힘들면 그때 다시 생각하려고!"

며칠 후. 쿨하게 말하자 엄마의 눈빛이 반짝인다. 마치 '그래, 이거지'라고 말하는 듯하다. 힘들지 않겠느냐고 걱정스럽게 묻지만 반가움의 화색이 도는 낯빛까지 감출 수는 없다. 이내 콧소리를 흥얼거리며 주방에 가더니 뚝딱 푸짐하게 한 상을 내온다. 눈치 없는 나는 하마터면 이번에도 엄마의 속내를 헤아리지 못할 뻔했다.

다시 일터로 돌아가는 건 나를 위한 선택이자 엄마의 간절한 염원에 대한 보답이다. 매일 가스레인지 뜨거운 불과 씨름하며 쏟은 땀으로 딸을 지켜낸 승리의 전리품. 물론 괜찮은 척 말했지만 현실에서는 여전히 골골하다. 그래도 앞으로 효도에 대한 기준과 기대치가 대폭 하향 조정됐다. 다시 일하는 것만으로도 자랑스러운 딸이라는데 시도하지 않을 이유가 없다. 얇은 용돈 봉투에 입꼬리가 올라가는 모습을 보는 흐뭇함은 덤이다.

물론 이것만 보면 더없이 애틋한 사이지만 관계가 늘 좋을 수는 없다. 보통 모녀지간의 삐걱거림이 쌍방인데 비해 일방이라는 게 다를 뿐. 그래도 의도치 않게 큰 거 한 방을 날렸으니 딱히 할 말은 없다. 때로는 투덕거리고 뾰족한 말에 살짝 스크래치가 난다. 엄마는 한 번씩 성을 내다가도 이내 고개를 젓는다. 아플 때를 생각하면 출근도 하고 밥도 한 공기씩 먹고 가끔 용돈도 주고 팔랑팔랑 사방으로 돌아치는 것도 다 예쁘단다. 이제 하고 싶은 거 다 하라고 당부하며 여전히 사랑을 담아 음식을 만든다.

  삶의 아픔 속에서도 사랑과 희망을 찾아가는 드라마 〈폭싹 속았수다〉의 평생 억척스럽게 자식을 위해 헌신한 애순이, 어떤 시련에도 꿋꿋이 가족을 지킨 무쇠 같은 관식이. 나에게 엄마는 애순이이자 관식이었다. 그런 엄마를 통째로 흔들어 놓은 나의 병. 하지만 엄마는 무너지지 않았다. 오히려 혼신을 다해 나를 지키고 일으켜줬다.

아팠지만 당당하고
멋진 엄마를 꿈꾸며

 노력으로 안 되는 건 없는 줄 알았는데 아이를 낳고 키우며 어리석음을 깨달았다. 노력이나 의지와는 무관한 작고 소중한 존재를 만났다. 좋은 엄마가 되고 싶었지만 정답이 보이지 않았다. 늘 일과 육아, 살림의 빽빽한 일상에서 함께하는 시간이 부족했다. 양보다는 질이라며 짧고 굵게 아이들과 시간을 보내라는데 체력도 마음도 간당간당해서인지 쉽지 않았다.

 병에 걸리자 아이들에 대한 미안함과 걱정이 본능처럼 따라왔다. 뒤늦게 발견한 나의 모성이 다소 놀라웠다. 여하튼 아이들이 클 때까지 곁을 지킬 수 있을지 두려웠다. 혼란스러운 상황을 어떻게 알려줄지 난감했다. 혹시나 무서워하거나 상처받지 않을지. 치료는 내가 감당할 몫이지만 그런 엄마를 바라보며 느끼고 받아들이는 건 아이들이니까. 아픔은 나만의 것이 아니었다.

  아이들을 대할 때 마음에 걸린 것 중 하나는 탈모였다. 마음이야 머리카락은 다시 자라는 거라고 다독이면 그만인데 두건을 뒤집어 쓴 민머리는 감당해야 할 현실이었다. 한창 외모에 신경 쓸 예민한 시기의 딸에게 엄마의 민머리를 보였다. 다행히 모전여전인지, 두피 트러블 때문에 하얀 연고를 바른 걸 보고 아이는 새똥 맞은 스님 같다고 깔깔 웃었다. 어느 날 아이가 독립운동이라도 하는 듯 결의에 찬 목소리로 말했다.
  "머리카락을 기르면 아픈 친구들을 도울 수 있대. 나도 할래."
  나의 병에 대해 알아보다가 소아암 환우를 위한 머리카락 기부 운동이 있다는 걸 알게 된 모양이었다. 기특하고 예쁘다. 다만 고운 마음과 현실은 다른 게 함정이었다. 복받은 풍성한 머리숱과 혼자서는 거품을 잘 헹구지 못하는 환순의 컬래버레이션이 이어졌다. 머리카락이 자랄수록 감고 말리는 전쟁이 벌어졌다. 잠시 저러다 말겠지 싶었는데 아이는 2년을 참았다. 포기할까 하고 고민한 적도 있지만 그간 기른 정성과 노력이 아까운지 잘 견뎠다.

드디어 결전의 날. 긴 생머리에 대한 아쉬움이 있을 법도 한데 친구들을 위한 거라며 시원시원하게 미용실로 향했다. 긴 머리카락을 한 방에 싹둑 자르는 것. 이유는 다르지만 나 역시 제대로 잘려본, 아니 밀려본 경험이 있다. 어떤 느낌인지 아니까 더욱 대견하다. 자른 머리카락을 곱게 묶어서 재어보니 무려 30센티다. 따뜻한 손 편지와 함께 기부처에 우편으로 보냈다.

> 얘들아, 안녕? 머리카락을 나누고 싶어서 2년 전부터 계속 길렀어. 막상 자르니까 좀 어색하지만 기분이 좋아. 너희들이 행복하게 웃을 수 있으면 좋겠어. 언제나 응원할게.

　아픈 동안 아이가 상처받지 않기를 기도했다. 나의 병이 아이에게 그림자를 드리울까 봐 마음 졸였다. 아파서 일을 쉬게 됐지만 내가 집에 있게 되자 아이는 좋아했다. 하교 후에는 강아지처럼 졸졸 따라다녔다. 친구들이 어쨌고 수업은 어땠고 요새 아이돌 그룹은 누가 대세라는 둥 쉴 새 없이 조잘거렸다.
　아이와 일. 딱히 답은 없지만 모든 워킹 맘이 늘 안고 있는 고민이다. 많이 컸지만 부족했던 엄마와의 시간을 이제라도 채워 줘야 하지 않을까 고민했다. 아이는 새벽에 출근하면 엄마 냄새가 그립다며 늘 내 베개에 얼굴을 파묻고 잠들었다. 가슴 한편에 바쁘다는 핑계로 함께하지 못한 미안함이 있다. 딸아이는 기억하지 못하지만 돌 무렵 일 때문에 반년 넘게 떨어져 있었다. 돌이킬 수 없는 소중한 시간을 놓친 아쉬움, 자칫 그 마음을 또 겪게 되는 건 아닐까 불안했다.

나의 병도, 다시 일을 하는 것도 아이에게는 큰 변화다. 스스로에게는 돌아갈 준비가 됐는지 수없이 물었지만 정작 아이가 어떻게 느낄지는 생각하지 못했다. 일하는 엄마로 돌아간다는 걸, 학교에서 집에 와도 엄마가 없다는 걸 받아들일 수 있을까? 그러던 어느 날 아이들이 등교한 뒤 식탁 위에 놓인 작은 쪽지를 발견했다.

사랑하는 엄마~
엄마 아플 때 많이 무서웠는데 이제 괜찮아. 실은 머리카락 기르는 거 힘들었는데 꾹 참았어. 왠지 그러면 엄마가 나을 거 같아서. 친구들도 도울 수 있고.
나는 엄마랑 꼭 붙어 있는 게 너무 좋지만 다시 회사에 가도 돼. 엄마 일하는 거 좋아하잖아. 엄마도 나한테 늘 좋아하는 거 하라고 하잖아. 참, 회사 갈 때 예쁘게 입으면 좀 덧져 보이는 거 알지? 지금 숏컷 엄마한테 엄청 잘 어울려. 그래도 주말에는 나하고만 놀아야 돼! 사랑해.

내색하지 않은 줄 알았는데 대문자 T 성향인 엄마는 이렇게 눈치가 없다. "학교에서 집에 왔는데 엄마가 있는 게 좋아? 없어도 돼?"라고 몇 번이나 대답을 강요해놓고는. 아이는 물어보나 마나 당연히 있는 게 좋다고 콧방귀를 날리더니 이렇게 깜짝 선물을 줬다.

힘들게 머리카락을 기른 마음이 나를 향한 응원이었다는 걸 이제야 깨달았다. 거품이 남았다며 축축한 머리카락을 잘 말리지 못했다고 구박하던 부끄러운 기억에 얼굴이 화끈거린다. 오래전 추억도 떠오른다. 막 걸음마를 뗄 무렵 퇴근 후 집에 오면 아이는 할머니 뒤에 숨어 나를 빼꼼히 쳐다봤다. 마치 '저 여자는 누구지?' 하는 경계의 눈빛으로. 후다닥 편한 옷으로 갈아입고 머리카락을 질끈 묶으면 아이는 그제야 엄마인 걸 알아채고 부리나케 달려와 품에 안겼다.

인형을 사달라고 드러누워 떼를 쓰던 아기는 같이 있고 싶은 욕심보다 일로 고민하는 엄마의 마음을 헤아릴 만큼 훌쩍 자랐다. 출근하는 엄마의 모습이 멋지다고 응원도 한다. 늘 열심히 일하는 엄마를 보며 자란 내가 그랬던 것처럼 아이도 이제 일하는 엄마가 낯설지 않은가 보다. 워킹 맘으로의 복귀에 대한 걱정과 고민에 아이는 고맙게도 레디 사인을 보내줬다. 이제 결정은 오로지 나의 몫이다.

아이들에게 늘 이야기했다. 지금은 엄마, 아빠 품 안에 있지만 커서는 사회에서 제 몫을 하며 단단하게 살아야 한다고. 사뭇 진지한 멘트를 아이들은 듣는 둥 마는 둥 했지만 아마 마음 어딘가에 남아있을 것이다. 만일 복직에 대한 걱정으로 시도도 하지 않고 멈추면 더 이상 그 말을 하지 못할 것 같다. 그럴 리 없겠지만 왠지 아이들이 '엄마는 안 그랬으면서'라고 할 것 같아서.

어쩌면 시련에 맞닥뜨려도 포기하지 않고 다시 일어서서 제자리로 돌아가는 모습이 아이들에게 줄 수 있는 가장 큰 선물인지도 모른다. 언젠가 아이들이 크고 작은 시련 앞에서 지금의 나를 떠올리며 용기를 얻지 않을까. 당당하고 떳떳한 엄마가 되기 위해 용기를 낸다. 다시 나의 자리로 돌아가기로.

내 뱃속으로 낳았지만 아이들은 서서히 자신만의 색깔을 찾아가고 있다. 먹이고 입히는 것 외에 어떤 생각으로 채워가는지 궁금할 따름이다. 다행히 아이들은 걱정했던 아픔의 시간을 잘 받아들이고 성숙해졌다. 애끓던 내 마음과 달리 실하게 여물어 간다. 만일 아이들이 흔들리고 힘들어했다면 그간 버텨온 시간은 그 의미를 잃을지도 모른다.

아이들을 향한 시리고 애틋한 마음은 서서히 일상으로 돌아왔다. 여느 집처럼 대화(라고 하기에는 너무 일방적이지만)의 대부분은 '방 청소해라, 집에 들어왔으면 씻어라, 숙제는 미루지 말고 해라, 공부해라' 등의 잔소리로 채워진다.

하지만 가끔 생각난다. 아픈 모습을 보이고 싶지 않아 입원을 선택했지만 잠 못 드는 밤 내내 그리웠던 것들이. 최애 힐링 방법인 딸내미의 몰랑몰랑 뱃살 조몰락거리기, 새근새근 잠든 통통한 볼 쓰다듬기, 무심한 듯 싱긋 웃는 아들과의 투덕거림, 나의 정체 모를 요리에 미슐랭급이라며 보여주던 리액션, 금요일 밤 무비 타임, 아이스크림을 하나씩 입에 물고 한없이 늘어지는 일요일 낮의 디저트 타임도. 북적거리는 일상과 잔소리조차도 그립고 간절했다.

훗날 아이들이 나의 병을 슬픔과 두려움이 아닌 기분 좋은 해피 엔딩의 스토리로 기억하면 좋겠다. 잠시 아프고 좌충우돌했지만 꿋꿋하고 용감한 엄마의 이야기로. 떠올리면 웃음이 나고 마음이 따뜻해지는 소중한 추억으로.

다시
일하기로 결심하다

결정의 순간이 왔다. 겁나고 걱정되면서도 다시 일하고 싶다. 이런 모순덩어리 같으니라고. 월급만 목 빠져라 기다리는 월급쟁이라고 우스개처럼 이야기했지만 단순히 돈을 벌기 위해 일하지는 않았다. 자아실현 같은 고급스러운 대의명분에는 미치지 못해도 일을 통해 누구의 엄마나 아내가 아니라 '나'로 오롯이 존재할 수 있었다.

암이 찾아온 타이밍은 참 절묘했다. 5년을 기다린 마지막 승격 4개월 전. 열심히 해온 4년의 시간이 암 때문에 없던 일이 된다는 게 억울했다. 하지만 누가 봐도 누락되는 게 이상하지 않은 상황이었다. 겉으로는 승진이 뭐가 중요하냐고 스스로 다독였지만 속으로는 마음 한 번 찐하게 긁히려니 하고 체념했다. 그런데 승격 발표일에 연락이 오기 시작했다.

> 승격 축하합니다.
> 마음껏 축하만 할 수 있으면 참 좋을 텐데, 축하
> 와 더불어 위로와 응원도 함께 보내요.

네? 병가 중 승진이요? 얼떨떨하니 정말인가 싶다. 이래도 되나 싶다가도 마냥 기쁘고 감사했다.

> 회사는 이렇게 용 부장을 생각하고 있으니 지금
> 은 건강에만 신경 써요.
> 나중에 건강하게 돌아와서 더 열심히 해주세요.

성은이 망극하다. 회사에 대한 감사와 충성심이 하늘로 치솟았다. 내치지 않고 보듬어준 만큼 보은을 해야 할 것 같다. 극심한 건망증과 내 몸 하나 추스르지 못하는 현실과는 별개로 일단 마음은 그랬다.

평범한 직장인으로 닿을 수 있는 마지막 단계까지 무려 17년이 걸렸다. 제대로 한 번 불려보지도 못하고 떠나기는 아쉽다. 속물이라 해도 어쩔 수 없다. "부장님~"으로 불려보고 싶은 마음이 컸다. 물론 승진한다고 딱히 달라지는 건 없다. 아침에 눈 떠보니 대스타가 된 것도 아니고 신문에 실리는 직장인의 별, 임원이 된 것도 아니다. 갑자기 병가로 회사 울타리를 나와보니 직급이란 타이틀이 얼마나 부질없는 건지도 깨달았지만 그래도! 그냥 마음이 그랬다.

과연 월급은 얼마나 오를지 기대가 한가득이었다(복직 후 첫 월급을 매의 눈으로 째려본 결과 폭풍 기대와 다르게 변화는 아주 소소했다. 물론 초반에 반인분에도 허덕였던 걸 감안하면 절반만 받아도 감사할 따름이다). 어릴 적 넉넉지 않은 가정 형편으로 경제적 독립에 대한 소신이 남달랐다. 이유 불문하고 모름지기 내 밥벌이는 내가 하는 게 자연스러웠다.

돌이켜 보면 금전적으로 남에게 의지하거나 아쉬운 말을 한 적이 없다. 아무리 고민해도 돈을 벌지 않는 내가 상상되지 않았다. 누구 말대로 편히 살 수도 있는데 굳이 꼬장꼬장하게 내 신세를 내가 볶는지도 모른다. 여하튼 따박따박 꽂히던 월급에 대한 허전함은 차곡차곡 쌓여갔다.

한 직장에서 17년을 일했다. 꽤 긴 시간이지만 내 나이 이제 겨우 40대 초반. 아직 일을 놓기는 아쉽다. 꼭 복직이어야 할 필요는 없다. 다만 체력도 자신감도 바닥인 암경험자가 덜컥 그만 둔들 기다렸다는 듯 짜잔하고 멋진 길이 나타날 리 없다. 솔깃한 이직 제안을 받을지도 모른다는 행복한 고민은 이제 추억일 뿐이다.

휴직 연장도 생각했지만 그저 고민의 유예에 불과했다. 미룬다고 해결될 문제가 아니다. 그간 일을 한다는 핑계로 내려놨던 집안일도 두려운 존재가 됐다. 직접 해보니 살림도 만만치 않았다. 날라리 주부로 지낸 시간이 얼만데 갑자기 현모양처가 될 리 없다. 무엇보다 사람 입이 무서운 걸 깨달았다.

밥을 차렸다가 치우고, 돌아서면 다시 차려야 하는 삼시 세끼 돌밥의 향연은 가히 시지프스를 연상시켰다. 내가 병자인가 무수리인가 고뇌했다. 하루 세 번 뭘 먹을지 고민하고, 장을 보고, 음식을 하고 정리하는 행위에는 무한한 애정과 노력이 필요했다. 이제 살짝 벗어나고 싶다는 마음이 스멀스멀 피어올랐다.

결정적으로 이대로 포기하면 치열하게 쌓아온 삶이 암 때문에 송두리째 무너지는 것 같아 억울했다. 앞으로 시련을 맞닥뜨렸을 때도 두려워서 꽁무니를 빼지는 않을지. 사회복귀는 단순히 일을 하고 돈을 버는 걸 넘어서 나를 시험하는 중요한 관문이었다. 두려움을 떨치고 용기를 내어 일단 도전할지, 아니면 현상 유지를 할지.

 동전 뒤집기, 꽃잎 떼기, 사다리 타기, 가위카위보 등 적당히 고르면 될걸. 암까지 겪고도 세상 참 어렵게 산다. 남편은 내가 너무 뻔뻔해졌다는데 천성은 바뀌지 않나 보다. 여하튼 수없이 머리를 쥐어뜯던 고민이 정점에 닿은 어느 순간 머릿속이 맑아졌다.

 '일단 해보자. 아니면 말고.'

 그때 해볼걸 하고 후회할지도 모르니까. 꼭 이분법적으로 이거 아니면 저거인 것도 아니다. 정년까지 일하지 않으면 안 된다고 할 사람도 없다(오히려 그렇게 해줄 리 만무하다). 반대로 바짓가랑이를 잡아서라도 꼭 붙어 있어야 하는 것도 아니다(이 또한 바짓가랑이를 잡는다고 되는 것도 아니다). 삶이 어디 계획대로만 되던가. 그랬으면 암에도 안 걸렸지. 그러니 지레 겁먹고 피할 이유가 없다. 도저히 체력이 안 되거나 못 견딜 만큼 괴로운 빌런이 등장하면 뻥 걷어차고 나오면 된다.

 돌아갈 곳과 할 일이 있다는 것만으로도 감사한 일이다. 주어진 카드를 마음껏 써야겠다. 살포시 발을 걸치고, 마음이 끌리는 일을 탐색하며 살살 제2의 인생을 준비하는 것도 좋을 것 같다. 일단 먹고사는 게 해결되면 마음의 여유가 따라올 테고 그러면 더 너그럽고 인자해지는 효과도 있다.

'일체유심조(一切唯心造)'라고 하지 않았던가. '모든 건 오직 내 마음에 달려 있다'라는 원효대사의 해골 물 이야기에서 교훈을 얻는다. 마음을 고쳐 먹으니 부담이 덜어진다. 물론 짧은 곱슬머리는 여전히 어색하고 이런저런 걱정도 한 번에 깨끗이 털어낼 수는 없다. 그래도 그 시간을 견디며 간절히 그려온 나의 모습과 일상. 조각난 퍼즐의 마지막 단계를 향해 한 걸음 내디뎌보려고 한다.

사회복귀를 고민하는 이들을 위한 질문 리스트

 혹시 지금 잠시 멈춰 있나요? 저처럼 투병 후 일상으로 돌아가기를 고민할 수도, 끝없는 경쟁과 업무에 지쳐 쉬고 싶을 수도 있어요. 어쩌면 아무 이유 없이 잠깐 서 있을지도요. 이 시간은 삶의 방향을 가늠할 수 있는 소중한 기회가 될 거예요. 숨을 고르고 마음을 돌보며 내 삶을 바라볼 수 있으니까요. 긴 겨울 언 땅 속에 묻혀 있던 씨앗이 봄 햇살에 깨어나 싹을 틔우는 것처럼, 멈춤은 결코 실패가 아니에요.
 주위에서는 늘 열심히 앞으로 나아가라고 하지만 더 중요한 것은 잠시 멈춰 스스로 돌아볼 용기를 내야 한다는 거예요. 그런 순간이 찾아오면 불안하고 두렵기도 해요. 하지만 복잡한 마음을 자세히 들여다보면 진짜 '나'를 만나게 될 거예요.

이어지는 질문을 읽고 답하는 동안만이라도 스스로에 대해 탐색하는 시간을 가져보세요. 정답은 없으니 마음이 가는 대로 솔직하게요. 그러다 보면 내가 진짜로 원하는 게 무엇인지, 어떤 삶을 살고 싶은지 작은 실마리를 발견하게 될 테니까요. 새롭게 만들어가는 두 번째 삶. 진짜 나답게 출발해 볼까요?

Q. 지금 이 순간, 삶에서 가장 소중한 것은 무엇인가요?

암 진단 직후 '살고 싶다'라는 일념으로 겨울 산을 걷고 또 걸었어요. 소복이 쌓인 하얀 눈에 환하게 비치는 햇살. 눈이 시리게 아름다운 풍경에 저도 모르게 눈물이 났어요. 지금 이 순간이 얼마나 소중한지, 꼭 하고 싶은 것을 하면서 살겠다고 다짐했어요. 이제는 '나중에' 또는 '다음에'라고 이야기하지 않아요. 시간이 늘 우리를 기다려주지는 않으니까요.

치료를 마치고 선물 같은 두 번째 삶을 어떻게 살아갈지 조금은 막막했어요. 그때 행복했던 수많은 순간이 떠올랐어요. 소중히 여기는 가치와 행복한 기억을 헤아리며 앞으로의 삶을 그려보면 어떨까요?

Q. 고난을 경험하기 전후, 무엇이 가장 크게 달라졌나요?

우리는 크고 작은 어려움을 맞닥뜨리지만 시련의 과정을 통해 성장하고 깨달음을 얻기도 해요. 눈물로 가득했던 초보 워킹 맘의 시간은 노력으로 바꿀 수 없는 일을 있는 그대로 받아들이고 기다리는 인내심과 겸손함을 알려줬어요.

암 경험 이전의 삶은 늘 해야 하는 것으로 가득했어요. 나를 돌보거나 하고 싶은 일이 무엇인지 생각할 여유조차 없었어요. 아프고 나서야 세상과 저를 바라보는 새로운 눈이 뜨였어요. 여러분은 어떤가요?

Q. '살아있다'라고 느끼는 순간은 언제인가요?

초보 환자였을 때의 저처럼 헤매고 있을 분들에게 도움이 되고 싶어 블로그에 글을 쓰기 시작했어요. 그런데 따뜻한 응원과 격려는 오히려 제가 그 시간을 견디는 힘이 됐어요. 나와 가족의 울타리를 넘어 누군가를 도울 수 있다는 설렘과 소통에서 오는 온기는 새로운 경험이었어요. 여러분은 무엇을 할 때 설레나요? 시간 가는 것조차 느끼지 못할 만큼 즐거운 일이 있나요? 아니면 조금이라도 관심이 가는 걸 한번 해보면 어떨까요? 작은 시도를 통해 가슴 설레는 무언가를 만나게 될지도 모르니까요.

Q. 여전히 할 수 있는 일은 무엇인가요?

치료 후 체력도 집중력도 떨어졌어요. 아무것도 할 수 없는 사람이 된 것 같아 무력감도 느꼈고요. 그런데 이전과는 달라도 여전히 할 수 있는 일이 있더라고요. 암이 저의 모든 걸 가져가지는 않았으니까요.

저도 여러분도 가족에게는 늘 소중한 존재예요. 우리는 걷고 말하거나 쓸 수도 있어요. 특별한 경험 덕분에 새로운 눈으로 세상을 바라볼 수 있어요. 어려움에 처한 이들을 배려하는 태도도 가지게 됐고요. 잃어버린 것에 대한 상실감보다 가진 것에 대한 감사함으로 채워보면 어떨까요?

Q. 나에게 '일'은 어떤 의미인가요?

예전에는 일이 그저 생계를 유지하는 수단이라고 생각했어요. 막상 의도치 않게 일터를 떠나 보니 제 삶의 많은 부분을 차지했더라고요. 사람들과 관계에서 오는 유대감과 조직에 속했다는 안정감도요. 일에서 느끼는 성취감과 성장도 그리웠어요. 기존에 하던 일을 계속하지는 않아도 돼요. 다만 일이 나에게 어떤 의미인지, 일을 통해 얻고 싶은 게 무엇인지 알게 되면 삶의 의미를 찾는 데 도움이 될 거예요.

Q. 이 시련과 회복의 경험은 삶에 어떤 의미가 될까요?

누구나 무탈하고 평온한 삶을 꿈꾸지만 현실에는 늘 울퉁불퉁 굴곡이 있어요. 때로는 힘들어서 쓰러질 것 같지만 그 시간을 견디면 단단하고 성숙해지고는 해요. 속살에 박힌 모래 알갱이를 품고 또 품어 영롱한 진주를 만들어내는 조개처럼요.

가끔 생각해요. 경제적으로 어려웠던 학창 시절과 녹록지 않았던 워킹 맘이라는 시련이 없었다면 지금의 내가 존재할 수 있을지. 순탄하게만 살았다면 암이라는 복병 앞에 속절없이 무너지지는 않았을지. 감사하게도 암 이후의 시간은 또 다른 인생의 터닝 포인트가 됐고 경험치는 한층 높아졌어요. 혹시 지금 지치고 힘들다면 반짝반짝 빛날 미래의 나를 그려보기를 바라요.

Q. 내 삶의 이야기가 어떻게 기억되기를 바라나요?

길지 않은 마흔 중반의 삶이지만 돌아보면 '어떤 시련에도 삶은 계속된다'라는 말을 전하고 싶었어요. 힘들어도 잠시 숨 고르고 견뎌보자고. 그러면 또 웃으며 이야기할 날이 올 거라고. 저는 크고 작은 시련 앞에서도 오뚝이처럼 우뚝 서서 꿋꿋하고 단단하게 삶의 이야기를 써 내려간 사람으로 기억되고 싶어요. 여러분은 어떤 사람으로 기억되고 싶나요?

Q. 5년, 10년 후 나는 어떤 모습으로 살아가고 있을까요?

암 진단을 받고 내일을 기약할 수 없다는 점이 참 두려웠어요. 당장 새해 계획표를 앞에 두고 느꼈던 깊은 절망감이 기억나요. 이제는 완치 여부와 상관없이 하루를 살더라도 설레며 살려고 해요. 어떤 삶을 살고 싶은지 뭘 하고 싶은지 상상할 수 있다는 것만으로도 부자가 된 기분이니까요. 꿈꾸는 미래를 향해 한 걸음씩 다가가다 보면 어느새 그 모습이 돼 있지 않을까요?

나를 찾는 탐색의 시간은 어떠셨나요? 바로 생각이 나지 않더라도 괜찮아요. 어떻게든 다시 시작하기 위해 노력하는 것만으로도 이미 잘하고 있어요. 완벽한 다짐이나 결의보다 '일단 한번 해볼까?' 하고 살짝 마음이 기운다면 그걸로 충분해요. 두 번째 삶이라고 마냥 심각하지 않아도 돼요. 삶은 계획대로만 흘러가지 않으니까요. 나답게 설레는 첫걸음을 살포시 내디뎌 보세요. 천천히 단단하게 한 걸음 또 한 걸음. 오늘도, 내일도 당신을 응원해요.

2장

내 인생의
가장 험난한 출근길

두근두근 복직,
다시 소리 없는 전투가 시작됐다

　출근 3주 전에 복직원계를 냈다. 마음의 준비를 하기에 충분하다 싶었는데 웬걸, 받아놓은 날은 빨리 왔다. 신입 사원도 아니고 20년 가까이 붙박이처럼 한 직장에서 근무했는데도 복직 전날의 기분은 묘했다. 두근두근. 신입 사원의 해맑은 설렘과는 다르다. 긴장, 걱정, 불안, 약간의 설렘이 뒤섞인 상태랄까.

　막상 회사에 가려니 준비할 건 또 왜 이리 많은지. 휴직 중에 벌거벗고 산 것도 아닌데 입을 옷이 없었다. 모든 여자가 계절이 바뀔 때마다 공감하는 미스터리 중 하나일 것이다. 여하튼 내추럴 콘셉트라고 주장하지만 콘셉트는 무슨. 한동안 편한 트레이닝복과 맨투맨 티, 운동화로 지냈으니 오죽할까. 개성 발랄 제멋

대로 치솟은 짧은 곱슬머리, 옷, 구두, 화장품 등 머리부터 발끝까지 총체적 난국이다. 풀 세팅이 필요했다.

예전에 패셔니스타였기에 신경을 쓰냐면 그것도 아니다. 쭉 일을 했다면 별로 개의치 않았을 것이다. 그런데 암에 걸려서 낸 긴 병가 뒤의 복직이다. 괜스레 추레하거나 아프거나 약해 보이고 싶지 않았다. 안쓰러운 눈빛으로 바라볼 이들에게 오히려 반전 매력을 선보이고 싶었다. 이전보다 더 당당하고 멋지게.

이맘때 아픈 기색은 그다지 없었다. 심지어 저질 체력이라고 징징거렸지만 일상생활을 하는 데도 큰 무리가 없었다(이 정도면 괜찮을 거라 생각했지만 일을 시작하고 반전이 펼쳐졌다). 단지 마음속에 달아놓은 암경험자라는 꼬리표에 매여 헤어나지 못했는지도 모른다.

먼저 머리. 이발로 흩날리는 사자 갈기를 깔끔하게 정리했다. 비싼 펌으로 공들여 연출한 쇼트커트 같다. 거울을 보니 이른바 '센 언니' 느낌이다. 나름 흡족하다. 갑자기 추워진 날씨 덕에 가을 옷을 장만하지 않고 겨울 니트와 바지를 적당히 입으면 될 것 같다. 신발이 애매했다. 발바닥이 이렇게까지 아플 수 있다는 걸 깨달은 터라 구두는 언감생심이다. 후다닥 근처 마트로 달려갔다. 깔끔하고 편한 검정 로퍼를 샀다. 비록 인생역전의 대명사인 유리 구두는 아니지만 신발 한 켤레에 마음의 평온과 자신감을 얻었다.

꾸미기의 핵심인 화장은 과감히 포기했다. 한동안 노 메이크업의 완벽한 자연인으로 살았다. 화장 도구도 이를 활용할 능력도 원래 없다. 10대 소녀의 하얗고 빨간 화장은 귀엽기라도 하지, 어설프게 따라 했다가 피에로로 오해받을지도 모른다. 게다가 한동안 비타민 D에 심취했다. 선크림도 바르지 않고 의식을 치르듯 해바라기처럼 해를 따라다녔다. '반려 기미 키우기'라는 새로운 취미로 무수한 기미가 생겨났다. 역시 무식하면 용감하다. 다행히 검은 마스크 덕분에 비공개 취미로 남길 수 있었다.

잠자리에 들기 전 알람을 맞췄다. 불면증으로 잠을 설쳐도 아이들이 등교하기 전에만 일어나면 됐는데 이제 6시에 일어나 가장 일찍 집을 나서야 한다. 10년 넘게 이어진 새벽 출근이 다시 시작됐다. 출근 준비를 할 때의 시간은 체감 속도가 10배는 빠르다. 같은 10분이라도 소파에 늘어져 유튜브를 보는 것과 머리 감고 드라이하고 옷 입고 후다닥 뛰어나가는 것의 차이랄까. 소중한 시간을 아끼기 위해 미리 세팅을 해야 한다. 양말, 바지, 니트, 속옷을 가지런히 챙겨둔다. 잊은 줄 알았는데 오랜 습관은 몸에 배어 사라지지 않았는지 동작이 사뭇 자연스럽다.

나의 컴백 소식이 전해졌나 보다. 다시 건강하게 만나게 돼 기쁘다고 연락이 온다. 반겨주는 이들이 있다. 구성원이라는 소속감도 느낄 수 있다. 밥벌이할 돈과 무려 삼시 세끼 밥까지 줄 것이다. 이곳에 다시 돌아간다니 황송하고 감격스럽다.

출근 버스를 헷갈릴까 봐 살짝 걱정이다. 가끔 출근 버스를 잘못 타거나 회사에서 길을 잃은 적도 있다. 그래도 이제는 이렇게 말할 수 있으니까.

"오해하시면 안 돼요. 길치가 아니라 케모 브레인이라서 잠깐 그런 거예요!"

암경험자의 무기를 십분 활용한다. 후. 조금 긴장되지만 곧 적응하겠지. 하루이틀도 아니고 그동안 일한 시간이 얼만데. 다만 암경험자로서는 첫 출근이니까 첫날은 상견례처럼 조금은 긴장해도, 조금은 설레도 되지 않을까. 무엇보다 간절하게 되찾고 싶던 평범한 일상의 마지막 퍼즐이니까. 수백 번 고민 끝에 내린 결정이니 즐겨보려고 한다.

한껏 기세가 충천해서 '앞으로 진격'을 외쳤건만 사극 드라마를 찍다가 밀레니엄 시대로 튀어나온 주인공이 된 것 같았다. 아름답고 쉽지만은 않으리라고 예상은 했다. 그런데 정도가 상상 초월이다. 세상은 왜 온통 서프라이즈한 일로 가득할까.

털썩. 현관문을 열고 집에 들어서자마자 소파에 쓰러진다. 가방은 어느새 손에서 빠져나와 바닥에 떨어졌다. 몸에 남은 에너지는 제로, 아니 어쩌면 마이너스다. 이 상태로 집에는 어떻게 온 건지. 방전된 휴대폰처럼 몸도 마음도 작동을 멈췄다. 손가락 하나 까딱하지 못한 채 눈꺼풀이 내리 감긴다.

여덟 시간 근무. 수많은 직장인의 평범한 일상. 야근 없는 정시 퇴근에 신이 날 법도 한데 다른 세상의 일인 듯 피곤하기만 했다. 복직 1개월 차, 마음의 빈틈을 호시탐탐 노리던 못된 생각은 때를 놓치지 않는다. '이래서 사람 구실은 제대로 하고 살겠어?' 하는 순간 머릿속에 파노라마처럼 고된 일상이 펼쳐진다.

불면증으로 밤새 뒤척여서인지 무거운 몸으로 겨우 알람을 눌렀다. 치료 후 부쩍 추위를 타는지라 유독 매서운 새벽 출근길 칼바람이 버겁다. 암이라는 쇼킹한 소식 뒤 홀연히 나타난 나를 바라보는 조심스러운 눈빛과 표정이 느껴진다. 동료들은 반갑지만 인사를 어떻게 해야 할지 몰라 어색해하는 것 같다. 애써 자연스럽게 행동하고 있다고 스스로 세뇌하지만 부글부글한 짧은 곱슬머리가 여전히 신경 쓰인다. 이제 완치됐느냐는 질문에 적당한 대답을 찾지 못하고 허둥댔다.

  10년이 넘는 근무 기간에 비해 병가는 그리 길지 않았다. 하지만 그 사이에도 새로운 업무 시스템이 도입됐고 프로세스와 조직도 바뀌었다. 신입 사원처럼 아예 처음이면 차라리 나았으려나. 알던 것과 다르니 더 낯설다. 시스템 사용 권한은 그새 정지됐다. 동료들이 자연스럽게 처리하는 일상적인 업무조차 생소하기만 하다. 모두 열띤 토론을 벌이는 회의에서 오가는 말은 외계어처럼 온통 머릿속에 멍멍하게 울린다.

  아무도 신경 쓰지 않지만 속으로 마음이 쪼그라든다. 씩씩한 척, 괜찮은 척 웃지만 웃는 게 아니다. 간신히 버티는데 갑자기 몸에 급유 경고등이 켜졌다. 잠깐이면 급속 충전을 할 수 있지만 현실은 불과 10분 쉴 곳도 찾지 못했다. 결국 깜빡거리던 경고등이 사라지고 멈춰버렸다. 젖은 솜처럼 몸이 무겁다. 퇴근 전까지는 내일 체력을 영끌해서라도 일단 버텨야 한다. 예전 같으면 후다닥 해치웠을 일이 하릴 없이 쌓여간다. 하루가 한 달인 듯 길고 고되다.

  생각은 꼬리를 물고 자괴감은 눈덩이처럼 커진다. 일단 뭐라도 먹어야 한다는 본능의 스위치가 켜졌다. 힘겹게 몸을 일으켜

고개를 돌린 순간 눈앞에 아수라장이 펼쳐져 있다. 각종 옷가지와 잡동사니로 너저분한 바닥, 설거지 거리로 가득한 개수대, 며칠째 쌓여 있는 빨래더미까지. 이 묘한 기시감은 뭘까. 회사에서도, 집에서도 늘 동동거리던 예전의 그때로 돌아온 듯했다.

'숨이 턱 끝까지 차도록 달리고 또 달렸는데 제자리인 건가?'

'나는 누구, 여긴 어디?'

인생은 계획대로 되지 않지만 그래서 반전의 즐거움이 있다는 걸 안다. 하지만 아직 예상 외의 시나리오를 마주할 준비가 돼 있지 않았다. 가족, 친구, 동료 등 주위 모두는 이전과 같다. 추스른 줄 알았던 마음의 둑이 모래성처럼 한순간에 흘러내린다. 누군가에게는 너무 당연해서 인식하지 못하는 평범한 일상이 나에게만 유독 가혹하다고 느껴졌다. 꺼내지 않으려고 애쓰며 꽁꽁 묻어뒀던 생각이 불쑥 떠올랐다.

'암에 걸리기 전으로 돌아갈 수는 없을까.'

현실을 부정하는 건 무의미하다. 그동안의 노력과 인내, 무엇보다 소중한 인연을 물거품으로 만들고 싶지 않다. 바로 지금, 이 순간을 살아가는 소중함을 지키고 싶다. 하지만 앞으로 어떻게 살아야 하는 걸까?

일하고 싶지만
여전히 높은 현실의 벽

몇 년 전 유방암 치료를 받고 복직했던 같은 부서 선배가 생각난다. 짧은 곱슬머리, 야윈 몸, 약해 보이지 않으려고 애써 웃던 얼굴이 지금 나의 모습과 겹쳐진다. 1년이 채 안 돼서 선배는 퇴사했다. 당시에는 뭘 몰라 '치료도 다 끝났는데 왜 그만두셨을까' 하며 의아해했다.

이제는 이해가 된다. 나중에 들어 보니 역시나 체력적으로도, 심적으로도 많이 힘들었다고 한다. 시간이 꽤 흐른 지금도 여전히 암경험자의 사회복귀는 쉽지 않다. 막상 직장으로 돌아가 맞닥뜨린 현실은 고됐다.

복직 첫날, 신고식을 하듯 다시 일을 시작했다며 소식을 알렸다. 자랑이 아니라 '혹시 힘들어서 마음이 흔들리는 순간에 스스로 다잡을 수 있지 않을까' 하고 예방주사를 놓는 마음이었다. 이렇게 큰소리쳤으니 바로 꼬리를 내리지는 못할 거라 생각하면서. 다른 암경험자들이 격려의 말을 건넸다.

"굳세게 마음먹고, 다시 일할 수 있음에 감사하렴."

"지금 그만두면 다시 이런 직장에 다닐 수 없으니까 조금만 참고 힘내."

동시에 사회복귀한 암경험자가 부딪히는 차가운 현실의 조언도 들었다.

"일자리를 구하기가 어려워서 지인한테 부탁했는데 텃세가 어찌나 심한지. 버텨볼까 하다가 그만뒀어. 전에는 마음먹으면 직장 구하는 게 어렵지 않았는데 암 한 번 걸렸다고 참 서럽네."

복직을 망설였다. 많은 이가 맞닥뜨리는 차가운 현실에 비하면 배부른 고민이라는 걸 그제야 깨달았다. 동시에 돌아오기는 했지만 앞으로도 괜찮을지 의구심이 들었다. 내 직무가 전문직도 아니고 정년이 보장되지도 않는다. 중증 꼬리표를 단 연차까지 높은 일개 직원이다.

회사 상황이 늘 좋을 수 없으니 때때로 구조조정으로 술렁인다. 예전에는 나와는 상관없다고 생각했다. 마이너에 속할 일도 없거니와 한참 후에나 걱정할 일로 여겼다. 그런데 한순간에 성큼 눈앞으로 다가와 있다. 내가 고용주라면 어떤 기준으로 누가 그만두길 원할지에 생각이 미친다. 나이, 연차, 성과? 다른 건 차치하고 병력으로 평가절하되거나 마이너스를 먹고 들어갈 것 같아 씁쓸하다. 외국처럼 하루아침에 박스에 짐을 싸서 나가지는 않겠지만 왠지 큰 약점을 잡힌 느낌이다.

실제로 우리나라에서 암 진단을 받은 네 명 중 한 명은 일자리를 잃는다고 한다. 치료 후 다시 사회로 복귀하는 비율도 30퍼센트로 영국(84퍼센트)과 일본(70퍼센트)에 비해 낮은 편이다. 이렇다 보니 기존의 일을 계속하는 것도 새로 일자리를 구하는 것도 어렵다. 나처럼 다시 일을 하더라도 언제 밀려날지 모른다는 불안함을 느낀다.

자조 모임에서 치료 후 구직 중인 20대 청년의 사연을 들은 적이 있다. 그는 학교를 졸업하고 취업 준비를 하다가 암 진단을 받았다. 이력서를 작성할 때마다 치료로 인한 공백 기간이 마음에 걸린단다. 워킹홀리데이를 다녀와 상대적으로 나이도 많았다. 과 동기들이 무난하게 서류심사는 통과한 회사에도 계속 탈

락해서 면접까지 가기도 어렵다고 했다.

  면접에서 1년이 넘는 공백 기간에 무엇을 했느냐고 물으면 어떻게 설명할지도 고민이 된다. 솔직하게 말할지, 취업 준비를 했다고 할지. 혹시나 암이었다고 하면 불이익이 있진 않을지. 젊은 암경험자들에게 조언을 구하니 절대 밝히지 말라는 의견이 대부분이라고 했다. 심지어 최종 합격만 남은 상태에서 병력을 밝혔다가 떨어진 경우도 있었다고. 이런 과정을 통과하더라도 이후 신체검사나 진료 정보 조회, 건강 관련 서약서 등의 과정에서 병력이 알려지지 않을지 걱정된다. 아직 정기 검사도 받아야 하는데 눈치가 보이지는 않을지….

  그는 구직 기간이 길어질수록 불안했다. 블라인드 채용을 진행하는 공공기관이나 공무원 시험을 칠까도 생각해봤지만 된다는 보장도 없이 매달리기가 어려울 것 같았다. 이제 곧 서른인데 부모님께 손을 벌리기가 죄송해서 아르바이트로 용돈을 충당한다. 네 시간도 일하기 힘든데 취업이 되면 풀타임 근무를 할 수 있을까? 친구들처럼 사회인이 돼 일하고 싶을 뿐인데 두터운 벽으로 가로 막힌 것처럼 막막하다고 했다.

  만일 그가 내 동생이라면 어떻게 했을까. "너만 힘든 건 아니잖아. 꼭 병 때문은 아닐 거니까 일단 될 때까진 최선을 다해보럼" 같은 말로 독려하며 약해지지 말라고 할 수 있을지. 일반적인 상황의 취업 준비생이었다면 모를까, 암경험자로서 삶에 적응하면서 취업이라는 무거운 짐을 진 그에게 무조건 열심히 하라고 말하기에는 왠지 미안했다.

'암경험자는 업무 능력이 떨어진다'라는 편견이 사회복귀에 걸림돌이 된다. 특히 20대, 30대의 젊은 암경험자는 구직 과정에서 치료 기간의 공백과 병력에 대해 부담을 느낀다. 취업이 어려운 시대라 구직이 암경험자만의 문제는 아니지만 적어도 동일한 기준으로 평가받을 기회가 주어져야 하지 않을까. 요즘에는 나이, 성별, 종교 등의 이유로 차별하면 안 된다는 인식이 많이 퍼졌는데, 유독 병에 대해서는 그렇지 못한 게 안타깝다.

40대에 회사에 복직할 수 있었던 나도 한 치 앞을 예상하기 어려운데, 사회 초년생으로 그와 같은 상황에 놓였다면 어떤 마음이었을까? 한 번 아팠다는 이유로 능력을 펼쳐볼 기회조차 없다는 게 억울하고 속상하지 않았을까? 이런 결말을 기대하며 힘든 치료를 견디고 삶에 대한 의지를 꼭 붙잡지는 않았을 텐데. 만일 가족이나 지인이 아팠다면 이해하고 걱정했을 텐데, 병력이 있는 타인과는 일하고 싶지 않은 건 왜인지.

암경험자로서 구직 과정이나 직장에서 겪는 어려움은 생각보다 많다. 한 여성은 분위기가 좋았던 면접에서 병력을 밝히는 바람에 탈락했다고 한다. 그 뒤에는 투병 사실을 밝히지 않고 현재 회사에 입사했다. 어떤 이는 직장에 병력을 오픈하지 않고 매번 연말정산 때 별도로 신고를 한다. 장애인인적공제를 위해 장애인증명서를 제출했다가 누가 알게 될까 봐 걱정된다고 했다.

　병이라는 불행에서 회복해 사회로 돌아올 수 있도록 보듬어 주면 좋겠다. 특히 첫 관문인 구직은 혼자 힘으로 넘기에는 너무 거대한 벽이다. 안타깝게도 우리나라는 미국이나 일본과 달리 현재 암 병력과 관련해서 차별을 금지하는 법이 없다.
　나보다 젊은 암경험자들의 이야기를 들을 때마다, '암경험자를 차별하지 마세요'라는 구호를 알리는 것도 중요하지만 차별받지 않고 일할 기회를 가질 수 있도록 제도가 보완되면 좋겠다고 생각했다. 우선 내가 할 수 있는 일로 힘을 보태고 싶다. 아직은 사회적으로 생소한 암경험자의 사회복귀라는 좌충우돌하는 이야기를 전하면서.

또 다른 벽,
무거운 편견과 낙인 앞에서

 어느 날 예전 부서 선배에게 오랜만에 전화가 왔다. 친한 사이였지만 암에 걸린 이후로 첫 연락이어서인지 "오랜만이네. 잘 지내지?"라는 한마디에 조심스러움이 느껴진다. 그는 정글 같은 사회생활에서 아군으로 조언을 아끼지 않았다. 때로는 나를 '씩씩한 용 장군'이라고 부르며 격려해줬다. 소식을 듣고 걱정했지만 내 상황이 어떨지 몰라 연락을 망설였다고 했다. 어떤 마음인지 충분히 이해할 수 있다.
 "이제 치료는 마친 거지? 그럼 완치된 건가?"
 "아, 네. 많이 좋아졌어요. 검사는 꾸준히 받고 있고요."
 궁금하고 걱정하는 마음을 안다. 다만 앞으로도 몇 년간 검진과 치료를 받아야 한다고 구구절절 설명하기가 애매하다. 편한 사이인데도 이러니 수많은 이의 시선은 어떨지. 예전에 내가 가진 암에 대한 느낌은 두려움, 이질감, 안쓰러움 등이었다. 이제 다른 이들의 이런 시선과 감정이 나를 향한다. 이 정도는 순한 맛이고 상상 초월의 매운 맛이 무더기로 날아들기도 한다.

치료 후 사회로 돌아오는 첫 관문을 넘기란 쉽지 않다. 구직, 복직, 창업 등 어떤 형태든지. 힘겹게 높은 벽을 건넌 이들을 기다리는 다음 스테이지가 있다. 일터에서 암경험자를 바라보는 시선과 태도를 온몸으로 받아들이고 적응하는 것이다. 따뜻한 격려와 응원으로 맞이해주면 좋겠지만 사회로 돌아온 이들을 향한 시선이 곱지만은 않다.

세상에는 좋은 사람이 훨씬 많지만 모두가 그런 건 아니니까. 의도적인지 아닌지 모를 편견과 차별 앞에 다시 움츠러들고는 한다. 심지어 어떤 때는 죄를 지은 것도 실수를 한 것도 아닌데 주홍 글씨처럼 깊은 낙인이 찍힌 것 같다. 차라리 생면부지의 남이라면 무시해버리면 되는데 함께 일하는 가까운 이들이기에 상처는 더욱 깊다.

발병 시기, 나이, 직장 연차까지 비슷해서 친한 동기 같은 불로그 이웃이 있다. 게다가 내가 어릴 때 살던 곳에 거주하다 보니 그의 글에서 종종 향수를 느낀다. 그도 복직 초반에는 적응이 쉽지 않았다고 했다. 하지만 차츰 컨디션 관리도 되고 업무도 익숙해졌다. 병가와 휴직으로 동기들보다 승진이 늦어졌다. 크게 아파 보니 승진이 대수인가 싶지만 그래도 마음 한편에 아쉬움이 남았단다. 사회적으로 인정받고 싶은 마음은 누구나 마찬가지니까.

드디어 복직 3년 차, 한번 해볼 수 있을 것 같았다. 열심히 최선을 다했고 성과도 좋았다. 그런데 한껏 기대한 면담에서 승격 누락 통보와 동시에 당황스러운 말을 들었다. "앞으로도 무리하지 말고 건강관리 잘하세요"라고. 그는 객관적으로 부족한 부분이 있었는지 곱씹어 봤지만 이유를 찾을 수 없었다. 그럼에도 이의를 제기할 수도 없는 스스로가 무력했다. 무엇보다 앞으로 직장 생활을 어떻게 할지 길을 잃은 것 같았다.

아무리 노력해도 안 되는 걸 알았을 때 그의 마음은 어땠을까. 다시 열심히 살고자 하는 의지가 꺾이고 상처받지 않았을지. 암경험자에 대한 차별은 여전히 당사자 개인의 문제로 여겨져 잘 드러나지도 보이지도 않는다. 만일 그가 암에 걸리지 않았더라도 결과가 같았을까. 나 또한 승격을 앞둔 시점에 암 진단을 받고 비슷한 고민을 했었기에 남의 일 같지가 않다. 돌아올 자리를 남겨둔 것은 감사하지만 그 대가로 공정하게 평가받을 기회가 주어지지 않는 게 맞는 걸까.

 그룹 심리상담에서 만난 30대 여성은 복직을 앞두고 많이 긴장하고 걱정했다. 남에게 폐 끼치기를 꺼리는 성격이라 고민했지만 체력적으로 풀타임 근무는 도저히 엄두가 나지 않았다. 시간 근무에서 점차 늘려갈 수 있는지 조심스럽게 물었지만 상사는 그간의 업무 공백을 이유로 거절했다. 매주 야간 당직 근무는 잠시 제외됐지만 공짜는 아니었다. 못마땅함을 대놓고 표현하는 상사에게 자존심을 내려놓고 읍소했다. 무리하지 말고 건강을 챙기라던 동료들도 점점 눈치를 주는 것 같았다.
 얼마 후 정기검진과 진료를 위해 병가를 냈는데 지적을 받았다. 상사는 연차가 있는데 왜 굳이 병가를 쓰냐고 비난했다. 특혜를 바라는 게 아니라 사내 제도와 규정인데 뭐가 문제인 건지 이해가 되지 않았다. 가뜩이나 제 몫을 할 수 있을지 동료들에게 폐를 끼치지 않을지 걱정했는데 갈수록 어렵다고 했다.
 힘들게 돌아온 일터에서 유난스러운 천덕꾸러기 취급을 받는 마음이 어땠을까. 여러 사내 복지제도는 실상 그림의 떡인지. 그럴 거면 애초에 만들지를 말지. 하는 것처럼 보이고는 싶고 적용하기는 싫은 건 무슨 심보일까. 그렇다고 이의를 제기하면 더욱 유난스러운 사람이 될 터다. 만일 본인이나 가족이 아프더라도 동일한 잣대를 들이댈지 물어보고 싶었다.

자조 모임에서 알게 된 30대 여성은 이전에 직장에서 관계로 인한 스트레스가 많았다. 퇴사를 많이 고민했지만 일을 좋아하기도 했고 사명감에 복직을 선택했다. 어느 날 부서 인원 충원이 진행되던 즈음 회의 시간에 사건이 일어났다.
"이번 지원자 중에 OO암에 걸렸던 사람이 있어서 바로 불합격시켰어요. OO 씨 휴직으로 가뜩이나 인력 운영이 힘들었는데 다들 또 고생할 수는 없잖아요."
팀장은 굳이 모든 부서원 앞에서 작심한 듯이 이름까지 들먹였다. 황망함에 고개를 숙이고 듣고 있는데 뚫어져라 쳐다보는 동료들의 시선이 느껴졌단다.
그녀의 이야기에 내가 더 화가 났다. 아무리 상사와 부하 사이여도 지켜야 할 선이 있다. B급 드라마에서나 나올 법한 일이라 믿기지 않아 몇 번을 다시 물었다. 아파서 일하지 못한 게 이렇게 대놓고 욕을 먹을 만큼 잘못인 건지. 가슴에 주홍 글씨 낙인이 찍혀 행인들에게 돌팔매를 맞은 것과 정도만 다를 뿐 폭력적이고 잔인했다.

본인 때문에 누군가가 일자리를 구하지 못했다는 죄책감과 미안함까지 얹어졌다고 했다. 만일 성별이나 종교와 관련해서 저런 만행을 저질렀다면 직장 내 차별에 해당하니 항의라도 해 볼 텐데. 명백히 잘못된 행동이지만 병력에 대해서는 근거조차 없다는 게 당혹스럽다. 하긴 있더라도 실제로 가능할지 역시 알 수 없다.

한 조사에서 암경험자의 약 70퍼센트가 일터에서 차별이 있다고 응답했다. 가령 병력 때문에 업무 능력이 평가절하되면 중요한 업무나 프로젝트에서 배제된다. 능력을 발휘할 기회가 주어지지 않고, 이는 평가 결과나 승진에 불리하게 작용한다. 결국 다시 암경험자에 대해 능력이 부족하다는 부정적인 인식으로 이어진다.

암은 강력하지만 그렇다고 누군가가 가진 모든 능력을 빼앗아 가지는 않는다. 용기 내어 다시 일을 하기로 결심한 이들이 차별과 편견이라는 벽에 부딪혀 포기하는 일이 없으면 좋겠다. 병력은 과거의 지나온 이야기일 뿐 가치와 경험은 지금도 성장하고 있으니까. 함께 일하는 동료로 바라보면서 필요한 때에 손 내밀어 도와주는 이가 많아지면 좋겠다.

처음보다 어려웠던
두 번째 암밍아웃

  복직 후 새로운 업무를 맡게 됐다. 자연스럽게 관련 부서와 거래처의 사람들을 만날 기회가 많다. 아직 K-직장인의 본캐에 적응하지 못해서인지 낯선 만남이 어색하다. 어느 날 전임자인 부서 후배와 함께 인수인계를 받기 위해 거래처와 미팅을 했다. 긴장된 속내는 나의 몫일 뿐 화기애애한 대화가 이어진다. 그러던 중 한 마디가 귀에 딱 꽂혔다.

  "이 업무 전에는 어떤 일을 하셨어요?"

  마치 영화의 특수효과가 펼쳐지는 한 장면처럼 그 말은 허공을 날아올라 내 머릿속을 꽉 채웠다. 대답을 찾지 못한 마음은 우왕좌왕 분주하다. 동시에 움찔하며 어색한 미소를 띤 동료의 표정을 포착했다. 평범한 질문 하나에 자연스러움을 가장했던 대화의 흐름은 맥을 잃었다.

'병가로 좀 쉬었다고 할까? 어디가 아팠다고 하지? 암이라고 말해야 하나?'

뜬금없는 생각과 TMI(과도한 정보)식 대답이 꼬리를 문다. 비즈니스 관계, 더군다나 처음 본 사이에 이런 말을 한다고? 업무상 만남에서 으레 하는 가벼운 질문이다. 상대의 커리어를 확인하거나 공통의 인맥을 탐색하는 실마리가 되기도 한다. 한편으로는 "밥은 먹었어?"처럼 딱히 대답이 궁금하지 않은 인사치레일 수도 있다.

돌이켜 보면 도저히 이해가 안 되지만 갓 사회로 돌아온 초보 암경험자 시절에는 그랬다. 만일 그 상황에서 마음의 준비가 되지 않은 채 어설프게 암밍아웃을 했다면 다소 당혹스러운 분위기가 연출됐을 것 같다. 나는 나대로 소심해지고 뜬금없는 고백에 상대방도 안절부절못하면서 '뭐라고 반응하지? 웬 말이야?'라고 생각하지 않았을까.

다행히 지구 반대편까지 날아가 헤매던 고민은 3초를 넘기지 않았다. 아직 적응은 덜 됐지만 몸속 깊이 장착된 내공이 무의식적으로 반응했다.

"이런저런 일 많이 했죠. 회사 다닌 지 좀 됐잖아요."
다시 하하호호 화기애애한 대화가 이어진다.

"주변에 암에 걸렸다고 이야기해야 할까요?"
암 병력을 밝히는 암밍아웃은 많은 암경험자가 겪는 고민 중 하나다. 여기에 딱히 정답은 없다. 사람마다 성격도 처한 상황도 다르니까. 다만 선택은 오롯이 자신의 판단이면 좋겠다. 괜히 위축되거나 차별이 두려워서가 아니라 순수하게 본인의 의지이기를 바란다.

용감하면 무식해서일까(정작 용감해야 할 때 마음대로 잘 안 되는 게 문제지만)? 초반에 암밍아웃에 대한 거부감은 크지 않았다. 암 진단을 받은 것 자체가 충격이라 누구에게 알릴지는 중요하지 않았다. 자연스럽게 주위에 소식이 전해졌다. 머리 싸매고 고민하는 주제인 암밍아웃을 수월하게 넘기고 숙제를 잘 끝냈다고 생각했다. 정작 치료도 마치고, 머리카락도 다시 자랄 만큼 훌쩍 시간이 지난 뒤에 다시 맞닥뜨릴 줄이야.

복직 후 새로 만난 사람들에게 과거(?)를 밝히지 않으면 왠지 불편했다. 진실하지 못한 사람이 된 것 같았다. 상대를 속이는 듯한 기분에 미안했다. 일부러 감추는 게 아니라 그저 말하지 않은 것뿐인데도. 일반적으로 사람을 사귈 때를 떠올리면, 한 번에 과거의 연애 경험이나 학창 시절, 좋아하는 노래, 즐겨 먹는 음식 등을 시시콜콜 죄다 이야기하지는 않는다. 조금씩 친해지면서 자연스럽게 알게 된다.

지금 돌이켜 보면 스스로 설정한 암경험자라는 프레임에 갇혀 있었기 때문이 아닐까? 암밍아웃을 비롯한 일상생활의 많은 고민과 생각이 그 틀을 벗어나지 못하고 안에서 맴돌던 때다. 암경험자는 나를 설명하는 많은 특성 중 하나일 뿐이다. 하지만 현미경으로 보는 것처럼 다른 속성들은 한없이 작아지고 그것만 크게 확대됐다. 가장 크고 명확한 정체성을 오픈하지 않으니 속인다는 죄책감으로 이어졌다.

여하튼 말을 안 하자니 속이는 것 같고 하자니 썩 내키지 않았다. 마음은 불편한데도 입은 안 떨어졌다. 이러지도 저러지도 못하고 전전긍긍했다. 회의 테이블에 마주 앉아 있지만 속으로 수없이 고민했다는 걸 상대는 꿈에도 몰랐을 테지만.

'미안해요. 실은 그때 딴 생각 엄청 했어요. 저한테는 너무 심각한 문제였거든요.'

실마리를 찾지 못하던 두 번째 암밍아웃을 할지 말지의 고민은 어떻게 해결됐을까? 몇 개월 후 거래처 담당자가 우연히 나의 책을 발견했다. 그 뒤 알음알음 소식이 퍼졌다. 관련 부서와 다른 거래처, 심지어 부서 동료들에게도. 이렇게 자연스럽고 효과적인 방법이 있었는데 왜 몰랐을까. 굳이 내 입으로 고백하지 않아도 됐는데.

다소 특이한 정체성에 어떤 반응일지 살짝 긴장도 되고 궁금했다. 혹시나 나약해 보이지는 않을지. 겨우 좀 익숙해졌는데 다시 어색해지지는 않을지. 역시나 걱정은 기우였다. 오히려 아무것도 안 했는데 평가절상되는 기쁨을 누렸다. 너무 건강해 보여서 생각도 못 했단다. 힘든 시간을 인내한 의지와 긍정적인 에너지를 좋게 봐줬다. 의지의 아이콘으로 칭찬도 받았다. 책 속에 담은 진심 때문인지 상대도 속 깊은 이야기를 들려주기도 했다.

업무 미팅 전 잠시 작가 타임으로 책에 사인을 해드리기도 하고 후배들과 양꼬치 식당에서 회식을 빙자한 미니 북 토크도 하고 떼 샷도 찍었다. 부캐인 작가 부심이 뿜뿜하는 해피 타임이다. 암경험자의 이야기를 담은 두 번째 책(그때 막연한 바람이 이렇게 현실이 됐다)이 출간된다면 이제 한 치의 망설임 없이 폭풍 홍보를 할 수 있을 것 같다.

+ 두 번째 암밍아웃을 고민하는 분들께

굳이 내키지 않는다면 말하지 않아도 돼요. 우리를 설명하는 일부분일 뿐이니까요. 절대 누군가를 속이는 것도, 기만하는 것도 아니랍니다. 괜히 불편하거나 미안해하지 않아도 돼요. 좀 더 시간이 흘러 상처가 아물고 마음이 단단해질 때까지 기다려볼까요? 더 이상 눌러도 아프지 않으면 그때 편하게 툭 꺼내놔요. 당신의 마음이 따뜻하게 치유되기를 항상 응원합니다.

아파도 쉴 수 없는
무적의 출근 부대로 거듭나다

복직 후 다사다난한 이벤트가 있었다. 그중 뭐니 뭐니 해도 '연차'가 압도적이었다. 재발에 대한 두려움이나 커리어 관리의 애로 같은 무거운 키워드가 아니라 갑자기 웬 연차? 당황스럽지만 연차는 평범한 직장인으로 돌아가는 여정과 삶의 질에 큰 지분을 차지했다. 쉬거나 놀고 싶어서가 아니라 살기 위해 필요했는데, 다시 일을 하는 건 내 사정일 뿐 후속 치료와 정기검진은 이미 정해진 법칙 같은 것이었기 때문이다. 환자인 듯 환자 아닌 환자 같은 삶이랄까? 최소 매달 한 번, 어떤 때는 네 번이나 간 적도 있다. 일명 '연차 거지'로 보낸 눈물겨운 사연은 이렇다.

복직한 뒤에야 연차가 없다는 사실을 알았다. 아무리 새로고침을 해도 연차가 '0개'였다. 병가를 써본 적도 없고 알려주는 이도 없으니 모르는 게 이상하지 않다. 미리 알았으면 가뜩이나 심란한 마음에 고민하다가 "복직 안 할래"라고 했을지도 모른다. 모르는 게 약이라더니 딱 그 꼴이다. 연차가 없다는 건 단순히 안타까움을 넘어 현실적인 어려움을 불러왔다.

천성이 월급쟁이인 양 본능적으로 눈 뜨면 출근하고 에너지가 바닥날 때쯤 퇴근하는 출근봇이었다. 연차도 월급처럼 따박따박 생기는 줄 알았다. 매년 기본 15개고 근속 2년마다 한 개의 가산 연차가 주어진다. 조만간 최대치인 25개에 도달할 예정이었다. 재테크는 꽝이어도 연차는 부자라고 자부했건만 뒤늦게 깨달은 충격적인 진실. 연차는 그냥 생기는 게 아니라 전년도에 근무한 만큼 주어졌다.

암이 넓혀준 경험과 지식의 영역은 이렇게 또 확장된다. 우리나라 대형 병원 의료 체계의 허와 실, 각종 사회복지제도, 보험 약관, 책 쓰기와 출간에 이어 〈근로기준법〉까지. 평생 살면서 한 번도 생각해본 적 없는 다양한 주제다. 암, 너란 녀석 정말 대단하구나. 마치 불가능은 없다며 나의 세계를 야금야금 넓혀준다.

회사 규정이나 〈근로기준법〉상 연간 80퍼센트 이상을 근무해야 기본 연차가 주어진다. 전년도에 근무하지 않으면 연차는 없다는 뜻이다. 이런 사연으로 나는 연차가 빵 거, 빵도 아니고 개도 아니고 빵 개였다. 이렇게라도 웃어야지, 뭐.

뒤통수를 한 대 맞은 듯 얼얼했다. 어쩔 수 없이 받아들였지만 치료랑 진료는 어쩌지? 당혹감, 무력감, 서운함, 무기력함이 몰려든다. '다시 일하더라도 피곤하면 연차 아끼지 말고 쉬엄쉬엄하지. 뭐'라고 호기롭게 여유를 부렸건만. 떡 줄 사람은 생각도 않는데 혼자 김칫국을 사발로 들이킨 셈이다. 벼락 거지(사연은 뒤에서 설명할 예정이다)도 모자라 연차 거지라니. '아파도 아플 수 없다'라는 비장함으로 무장해보지만 현실의 벽은 정신력만으로는 넘기 어려웠다.

다행히 하늘이 무너져도 솟아날 구멍은 있다더니 구세주가 있었다. 바로 자율출근제! 정시 출퇴근만 허용된다면 현실적으로 일을 이어가기는 불가능했다. 보통 표준 치료를 마쳐도, 정기 검사, 진료, 약 처방 등으로 종종 병원에 가야 한다. 많은 암경험자가 사회복귀를 고민하면서 가장 필요한 제도로 꼽는 이유다.

일단 급한 불은 끌 수 있다. 하지만 근무시간을 유연하게 쓸 수 있다는 뜻이지 근무시간 자체가 줄어들지는 않는다. 즉 병원 방문으로 모자란 근무시간은 나의 몫이다. 새벽 출근 아니면

야근. 선택의 여지가 없다. 유연한 근무 제도가 너무나 고맙지만 늘 피곤했다. 연차가 없어 쉴 수 없으니 피곤한 채로 다시 강행군이 이어졌다.

치료 후 일을 하면 회복에 도움이 된다는데 정작 일을 시작하니 병원 한 번 가기가 힘들다니 아이러니하다. 건강관리와 일 그리고 일상 회복. 딱 맞아떨어지지 않고 비틀거리는 축을 간신히 붙잡고 버티는 느낌이다. 주위를 봐도 더 이상 버티지 못하는 순간이 오면 일을 내려놓게 된다. 건강보다는 후순위니까. 양자택일이 아니라 함께할 수 있으면 좋을 텐데.

"그래도 해가 바뀌면 다시 생기겠네"라고 누군가가 조심스레 위로했다. 그러면 얼마나 좋을까. 병가의 여파는 다음 해까지 이어졌다. 11월에 복직해 다음 해 2월까지(재직 중인 회사의 연차 산정 기준일은 3월 1일이다) 4개월을 근무했다. 고로 다음 해에는 소중 귀중한 여섯 개의 연차를 하사받았다. 소확연, 소소하지만 확실한 연차.

인고의 기다림 끝에 춘삼월이 온 기분이다. 하지만 계속 버텨야 한다. 배수의 진을 치는 마음으로 1년 더 도원결의에 버금가는 출근결의가 이어진다. 예상치 못한 사고가 나거나 가족이 아플 수도 있고 아이 학교에 일이 생기면 연차를 사용해야 하니까. 평소에는 그럭저럭 버텼지만 컨디션이 좋지 않을 때가 문제였다. 코로나19 확진에도, 심한 몸살에도 일단 육신을 사무실에 둬야 했다. 영혼은 가출하고 동공은 풀린 좀비 같았지만 일단 자리를 지킨다.

아플 수도 없는 암경험자라니, 일과 건강관리의 병행은 현실에서는 미션 임파서블인 건가. 이럴 때면 이만하면 최선을 다한 게 아닌지, 이제 그만해도 되지 않을지 고민됐다. 다른 이들도 이런 순간을 맞닥뜨리고 비슷한 마음이지 않았을까? 용기 내어 돌아왔지만 예상치 못한 어려움 앞에서 당혹스럽고 약해진다.

당사자인 나보다 동료들이 더 당황했다. 상식적으로 병원에 갈 일이 많지 않느냐고. 연차가 더 필요하지 않느냐고. 본인들이 아파도 그런 거냐고 분통을 터뜨렸다. 그러게나 말이에요. 다 맞는 말이에요. 그런데 어쩌죠. 제도가 그러네요, 휴.

육아휴직도 몇 년 전까지 비슷한 상황이었다. 동일한 기준이 적용돼 휴직 후 돌아오면 연차가 주어지지 않았다. 누가 봐도 불합리하고 저출산 문제도 있어서일까? 〈남녀고용평등법〉의 개정으로 기본 연차가 주어지도록 개선됐다. 눈물 바람이었던 초보 엄마 시절을 생각하면 이제라도 참 다행이다 싶다.

암경험자 250만 명. 더군다나 경제활동의 주 연령대인 2040 젊은 암경험자가 늘고 있다. 한창 사회에서 각자의 역할을 하고 싶고 할 수 있는 이들이다. 누구든 아플 수 있다. 그렇기에 이들이 다시 일어설 수 있도록 관심을 가지고 배려해 나가야 하지 않을까.

묵직한 엉덩이 힘으로 버티긴 했지만 정말 힘든 시간이었다. 개인의 노력이나 불굴의 의지가 아닌 누구나 가능하도록 제도가 보완돼 사회복귀에 대한 부담이 줄면 좋겠다. 강인한 출근부대 마인드를 자랑할 수 없어도 괜찮으니까. 언젠가 암경험자에게 병원 진료 관련 특별 연차도 주어질 날을 꿈꾼다.

당혹스러운 순간에도
우아하고 품격 있게

여전히 체력은 간당간당하지만 일터에 차츰 적응했다. 늘 그렇듯 시간이 약인지 어색했던 마음도 편안해졌다. 이제는 굳이 암경험자라고 밝히지 않으면 대부분 알지 못한다. 우연히 알게 되면 깜짝 놀라고는 한다. 한결같이 "이렇게 건강해 보이는데요?"라며. 이따금 맞닥뜨리는 자각의 순간만 빼면 꽤 평온한 날들이다.

잊히지 않는 몇 가지 에피소드가 있다. 상대방의 말 하나, 시선 하나에 신경을 곤두세우며 지레짐작하고 '괜히 돌아왔나?' 하고 하루에도 12번씩 기분이 롤러코스터를 타던 때의 일이다.

하나. 자른 게 아니라 자란 건데요?

'불사조'라는 별명과 함께 최장수 임원의 기록을 갱신하는 중인 나의 상사는 늘 파이팅이 넘친다. 야근 중인 직원에게 각성제의 대명사인 박카스를 건넬 만큼 센스도 만점이다. 신입 때부터 오래 봐온 터라 나름 내적 친밀감이 있는 사이다.

복직 초반에는 머리카락이 가장 신경이 쓰였다. 강력한 항암약에 취해 각성된 건지 가늘고 힘없던 직모는 난생처음 개성 발랄한 곱슬머리로 변했다. 깔끔하게 다듬었지만 왠지 어색하다. 긴장하고 주눅 든 마음은 이상한 상상의 나래를 폈다. 긴 웨이브 스타일이었는데 이렇게나 짧아졌으니 탈모였다는 걸 알지 않을까? 혹시 그 모습을 상상하지는 않겠지? 어색하거나 불쌍해 보이면 어쩌지? 겉으로는 태연하지만 마음은 온 우주를 헤매는 중에 밝은 인사가 들려온다.

"오! 머리가 길었는데 아주 짧고 멋있게 잘랐네."

흠칫. 일개 직원의 머리 스타일 변화까지 캐치하다니 세상 세심하다. 좀 덜 세심했어도 되는데. 내심 당황했지만 내색하지 않았다. 적당히 어색한 웃음으로 넘겼다. 무서울 것 없는 암경험자 모드로 업그레이드될수록 점점 씩씩해졌다. 어느 날 복도에서 우연히 다시 마주친 스마트한 그는 토씨 하나 틀리지 않고 같은 칭찬 멘트를 선물해줬다. 그러나 이제 당황하지 않으리라. 씩 웃으며 눈빛을 교환했다.

"자른 게 아니라 다시 자란 건데요!"

움찔하는 기색이 역력하다. 하지만 역시나 온갖 우여곡절을 딛고 별의 자리에 오른 내공이 100단이다. 언제 그랬냐는 듯 떠올랐던 그의 당황스러움은 자취를 감추고 인자한 표정으로 급전환된다. 허허 웃으며 고개를 끄덕이고는 유유히 사라진다. 왠지 뿌듯하다.

암경험자인 부하 직원을 케어하려는 배려로 면담을 하게 됐다. 성치 않은 몸으로 스트레스를 받을까 봐 걱정해주니 감사하다. 이런저런 대화 뒤에 이어진 주제는 건강이었다. 나이 드니 예전 같지 않단다. 여기서 훈훈하게 마무리하면 좋았을 텐데. 최근 고지혈증으로 상심이 크다며 걱정 가득한 눈빛을 보낸다.

네? 마흔에 암 걸린 저에게 대선배님께서 그렇게 말씀하시니 대관절 어떻게 반응해야 할지. 하긴 남의 손가락 부러진 것보다 내 손가락 긁힌 게 중하지 않던가. 이번에는 나의 묵은 내공이 필요한 순간이다. 고민은 0.1초. 당황한 기색은 애초부터 없었다. 숙련된 직장인은 표정 가득 공감을 표한다. 자연스럽게 고개를 끄덕인다. 그의 입장에서는 나름 면담을 위해 애써 준비한 자연스러운 스토리였을 테니까. 배려에 감사하면서도 살짝 씁쓸했다. 그때까지만 해도 젊은 나이에 중증에 걸린 서러움과 자격지심이 마음 한구석에 똬리를 틀고 있었으니까.

　이제 그러한 마음은 흔적조차 보이지 않고 쭉 펴졌다. 살짝 서운했지만 걱정과 위로는 진심이었다는 걸 안다. 무관심이 아니라 배려해 준 마음도 고맙다. 더군다나 덕분에 일대일 무승부의 아름다운 추억도 가지게 됐다. 누구나 나이 듦은 피할 수 없다. 앞으로 함께 쭉 건강하시죠!

둘. 직화지만 괜찮아

　직장 생활 중 맞닥뜨리는 어려움 중 하나는 회식이다. 우리나라 회식 문화에서 술과 삼겹살 그리고 돼지갈비는 단골 메뉴다. 술이야 기호에 따라 마시지 않더라도 굶을 수는 없다. 쫙 차려진 음식을 놓고 입맛만 다시는 건 생각만 해도 괴롭다. 먹는 건 인간의 본능이니까. 문제는 발암 성분의 대명사로 알려진 직화 구이. 유난스럽게 프라이팬을 가지고 가서 구워달라고 할 수도 없고 냉면이나 된장찌개만 먹기도 애매하다.

　이제는 좀 느슨해져서 먹는 것에 관대하지만 초반에는 유독 직화 구이에 예민했다. 철저하게 식이 관리를 하는 건 아니지만

시뻘건 숯불에 지글지글 익어가는 고기를 상상하면 왠지 죄책감이 몰려왔다. 그러던 어느 날,

"선배님, 가리는 음식 있으세요? 회식 메뉴 정하려고요."

이렇게 친절한 배려라니 감동이다. 수줍게 대답했다.

"다 괜찮은데 직화 구이는 조금 그래요. 호홋."

그랬는데 아뿔싸. 첫 회식 메뉴 '숯불갈비'. 의하하하, 도대체 왜 물은 거니 후배님아. 물론 안다. 그가 무슨 잘못인가. 회식은 업무의 일부고 메뉴 선택의 권한은 그에게 있지 않다. 대체로 회식 장소와 메뉴는 그 시점의 예산과 교통편, 결정적으로 상사의 기호와 의중 등을 고려한 고난도의 복합적인 의사결정의 결과물이니까.

식당 간판에 선명하게 새겨진 '숯불갈비 전문점'을 보고 내심 '괜찮아. 매일 먹는 것도 아니잖아!'라고 합리화 마인드를 장착한다. 물론 다 계획이 있었다. 싱싱한 상추에 구운 마늘과 야채를 메인으로 고기는 토핑으로 살짝 얹어서 먹을 생각이다. 발상의 전환으로 건강식을 섭취하리라.

시뻘건 숯불 위에 얇은 석쇠가 올려진다. 아름다운 마블링의 한우 등심이 지글지글 익어간다. 이걸 마다할 지조 따위가 있을 리 없다. 그보다 더 중요한 대전제가 떠오른다. '내돈내산'이 안

되는 귀한 음식은 늘 감사히 맛있게 먹어야 한다. 심혈을 기울여 세운 계획은 온데간데없다. 적당히 구워진 고기는 살짝 소금을 찍어 먹어야 꿀맛이다. 처음이 어렵지 경계가 허물어졌다. 쉴 새 없이 고기를 입으로 가져왔다.

　행복한 포만감을 뒤로하고 살짝 죄책감이 몰려왔다. 굳이 변명하자면 한우 회식은 가뭄에 콩 나듯 있는 일이다. 실제로 저 날 이후 행복한 포만감의 기억은 많지 않다. '고기는 직화로 구워야 제 맛이지!'라고 말하고 싶지만 마음뿐. 사실 고기는 찌거나 삶는 조리법이 건강에 좋아요!

셋. 너, 비행기는 탈 수 있니?

　업무상 종종 해외 출장을 다녔다. 출장은 아이들 없이, 죄책감도 없이 행복한 '미 타임(me time)'의 시간이자 바쁜 일상에서 꽤 요긴한 힐링의 기회였다. 하지만 급작스레 병에 걸렸고 때마침 코로나19가 급격히 퍼졌다. 항암 치료도 받아야 하고 전염병도 무섭고 해서 이래저래 몇 년간 비행기를 탈 일이 없었다. 이제 출장 갈 일도 많지 않고 예전만큼 혼자만의 시간이 간절하지도 않다. 딱히 아쉽거나 원하지도 않는데 뜬금없이 질문이 날아왔다.

"그런데 너 비행기는 탈 수 있니?"

장시간 이동이나 시차 때문에 컨디션이 좋지 않을지 걱정하는 걸까? '타도 괜찮니'라고 물었다면 느낌이 조금은 달랐을 텐데. 이렇게 다시 일도 하면서 잘 살고 있는데 당혹스럽다. 그러나 묻는 이의 표정과 말투, 눈빛 모두 진심이다. 그때는 어물쩍 웃어넘겼는데 이제는 말할 수 있다.

"네! 저 비행기 탈 수 있어요. 탈 수만 있나요. 좋아도 해요. 비행기만 타나요. 집라인(zipline)이랑 번지점프도 할 수 있고요. 우주선도 태워만 주면 탈 수 있어요!"

잘 지내다가도 한 번씩 '맞다. 나 암경험자였지!'라고 깨닫는 순간이 있다. 예전에는 이럴 때면 '왜 하필 나일까' 하는 소외감에 동굴로 들어가고는 했다. 다른 암경험자도 가족이나 친구, 직장 동료에게 이런저런 이유로 상처받는다는 이야기를 종종 듣는다. 만일 의도가 악의적이었다면 수단과 방법을 가리지 않고 처절하게 응징하고 싶지만(암경험자도 뒤끝은 있다), 대체로 걱정하는 마음을 어떻게 표현할지 몰라서 생기는 오해인 경우가 많다. 암경험자로서의 시간이 낯선 것처럼 암을 경험하지도, 암경험자를 대하는 방법을 배운 적이 없는 그들도 낯설 테니까. 과거의 나도 이들처럼 누군가에게 상처를 주거나 아프게 한 건 아닌지 돌아보게 된다.

  이따금 상대의 표현이 거칠게 느껴지곤 한다. 그럴 때면 말 자체가 아니라 그 안에 담긴 상대의 마음을 헤아리려고 한다. 설마하니 나의 곱슬머리를 놀리려고 머리 스타일을 칭찬하거나, 직화 구이로 더 아프게 하거나, 비행기도 못 탄다고 놀리려고 한 건 아닐 테니까. 물론 그 순간에는 조금 당혹스럽지만 경험이 쌓일수록 마음의 여유를 찾고 있다.

  암경험자인 게 뭐 어떤가. 감기 걸렸던 게 이상하지 않듯이 다른 곳이 아팠을 수도 있다. 살면서 몸이든 마음이든 한 번도 아프지 않은 사람은 없을 테니까. 정작 당사자는 괜찮은데 주위에서 난감해하는 경우가 있지만 시간이 해결해주기를 바란다. 장애인과 비장애인이라는 단어가 이제 익숙한 것처럼 암경험자라는 말도 어색하지 않은 때가 곧 오기를. 일단 그때까지는 난해한 질문에도 우아하게 웃어넘기는 여유와 품격을 지니려고 한다. 암경험자지만 괜찮아!

케모 브레인?
중요한 건 바로 지금, 이 순간

　케모 브레인. 항암 치료 후 흔히 나타나는 인지적 기능의 저하 증상. 결정을 담당하는 뇌의 특정 부위 에너지 사용이 현저하게 줄어들어 뇌 기능이 변화해 정신이 멍해지고 생활기능이 저하된다. 쉽게 말해 자주 깜빡거리거나 기억력이 떨어진다는 뜻이다. 암순이와 굿바이 하기 위한 값비싼 대가인 셈이다.
　'머리카락이 없어진 것도 모자라 머리까지 나빠지다니.'
　자괴감이 들지만 별 수 없다. 그저 조금씩 나아지겠거니 하며 셀프로 토닥인다. 다른 이들도 예전 같지 않은 기억력과 인지력에 자신감이 떨어진다고 한다. 이런 이유로 다시 일이나 사회 활동을 시작하는 걸 망설이기도 한다.

다행히 시간이 갈수록 건망증인지 케모 브레인인지 경계가 애매해진다. 그 와중에 경계선상에서 유리한 쪽을 취사선택하는 처세술을 익혔다. 가령 남편이 기억을 못 한다고 핀잔하면 "후유증으로 힘든 아내를 구박하네. 아이고~"라고 오두방정을 떨며 서러움을 표출한다. 동시에 혹시 있을지도 모르는 이후의 공격까지 원천 방어한다. 하지만 지인들과 약속을 잊거나 실수하면 새침하게 "어머, 요새 왜 이러지? 가끔 이러네"라며 우아하게 건망증으로 탈바꿈한다.

이전까지는 인간관계와 생활 반경이 넓지 않았기에 잽싸게 습득한 노하우로 큰 불편함 없이 일상을 이어갔다. 하지만 복직은 얼렁뚱땅 넘기기에는 험난한 변곡점이다. '직장인 모드로 변신, 얍!'이라고 외쳐본들 깜빡거리던 뇌가 갑자기 멀쩡해질 리 없다. '여기는 회사잖아! 정신 차려야지'라고 아무리 다그쳐도 마음뿐이다. 노력만으로 안 되는 게 참 많다.

개인적인 일들은 까맣게 잊거나 혼자 이불 킥을 할 만한 실수를 해도 민폐를 끼치지 않는다. 그저 조금 속을 끓이거나 '뭐 그리 중요하다고. 실수할 수도 있지'라며 유연함을 가장한 뻔뻔함으로 무장하면 된다. 언제 그랬냐는 듯 슬쩍 수습이 가능하다.

다만 회사 일은 대체로 누군가와 함께 주고받으며 진행되고 혼자만의 일로 끝나지 않는다.

한번은 거래처와 중요한 미팅이 있었다. 원만한 사이지만 일은 일이다. 나는 구매, 그는 영업 담당자다. 한마디로 한쪽은 잘 사고 다른 쪽은 잘 팔아야 한다. 보통은 누군가의 이익이 누군가의 손해가 된다. 나만 살자고 인정사정없이 몰아붙이거나 원투펀치를 날리고 싶지 않다. 아름다운 세상에서 티격태격 혈전이라니 아니 될 일이다.

서로에게 도움이 되는 묘안이 없을까 고민했다. 1차원적으로 눈에 보이는 이익만 셈하면 답이 나오지 않는다. 상대가 궁극적으로 원하는 것과 내가 해줄 수 있는 것의 교집합이 있지 않을까. 궁리 끝에 나름의 솔루션을 찾았다. 으르렁거리며 난감할 뻔한 상황은 서로에게 새로운 기회를 열어줬다. 모두 만족스러워하며 미팅은 훈훈하게 마무리됐다. 그런데 며칠 후 통화를 하며 문제가 생겼다.

"어머? 제가요? 그런 말을 했다고요?"

(무슨 이야기지? 전혀 기억이 안 나는데.)

"지난 미팅에서 제안해주셔서 본사 협의 마치고 업데이트차 연락드린 건데요."

(아니, 이 여자가 왜 이러지? 장난하는 건가? 해준다더니 이제 와서 말을 바꾸는 건가? 본사에 보고까지 해서 이러면 안 되는데.)

　애써 다독여서 꽁꽁 묶어둔 자괴감이 스멀스멀 흘러나온다. 당황스럽다. 분명 미팅 때 미주알고주알 한참 이야기했다. 머리를 쥐어뜯으며(어떻게 자란 머리카락인데 이러면 안 되지만) 짜낸 묘안을 내 입으로 조잘거렸다. 상대의 얼굴에 화색이 돌고 하마터면 하이파이브를 할 뻔했다. 그런데 딱 여기까지다. 웅얼거리던 입만 기억날 뿐 대관절 무슨 말을 했는지.

　당황한 상대방의 기색이 느껴진다. 진짜 기억을 못하는지 모르쇠를 시전하는지 조심스레 탐색한다. 얼굴을 맞댄 상황이 아님에 감사할 따름이다. 흔들리는 눈빛과 사색이 된 표정을 들킬 뻔했다. '진짜 아니에요. 말 바꾸는 거 싫어해요. 전 초지일관하거든요. 그런데 정말 기억이 안 나요'라고 허공에 외쳐본다. 영화 〈내 머릿속의 지우개〉의 주인공도 아니고 이럴 수가.

　급히 수첩을 펼쳐 그날의 기록을 확인한다. 내가 썼지만 알아보기 힘든 (혹자는 모스부호라고 일컫는) 글자들을 째려본다. 힌트가 주어지거나 곰곰히 생각해서 떠오른다면 건망증에 불과하다 했으렸다? 기억의 파편들이 떠오르자 놀라고 당황한 마음이 감사로 충만해진다. 잊어버리는 건 괜찮다. 언제고 다시 기억만

나면 된다.

  몇 차례 비슷한 상황을 경험한 뒤로 뭐든 적는다. 신입 사원 시절에 되새겼던 '적자생존(적는 자가 생존한다)'의 정신으로 무장한다. 기억을 끄집어 낼 단서를 남겨놓기 위해서. 모르는 척 말을 바꾸는 신뢰 없는 사람이 되지 않기 위해서. 오늘도 적고 또 적는다.

  동공 지진과 동시에 당황해서 얼음이 됐다는 건 옛말이다. 이제 되레 당당하게 대처하는 여유를 부린다. "나중에 딴소리 안 하게 꼭 메모해두세요. 특히 저한테 불리한 건 꼭 적어두세요. 확인 메일을 보내주시면 더 좋아요"라고 말하거나 "아, 그랬군요! 그때 또 어떤 안건을 협의했죠?"라며 고차원의 떠넘기기 전략도 구사한다.

  어느 날 저녁에는 양치를 했는지 헷갈렸다.

  '한 번 더 하면 좋지 뭐. 근데 샤워는 했나?'

  뭔가 찜찜하지만 일단 씻어야겠다. "따뜻해~"를 외치며 비누칠을 하는 순간 싸하다. 불과 두 시간 전에 양치를 하고 따뜻한 물에 몸을 적셨다. 행복했던 느낌이 파팍 전기가 통하듯 떠오른다. 심지어 정성스럽게 로션을 바르고 잠옷을 갈아입은 것까지.

나는 깨끗한 여자라고 정신 승리를 시도하지만 험한 세상을 어찌 살지 한탄이 절로 나온다. 자리를 내어주지 않으려고 눌러둔 자괴감이 불쑥 고개를 들려는 순간 외친다. '스톱! 이번에도 기억했잖아. 글쓰기에 얼마나 찐하게 몰입했으면~ 완전 멋있어!'라며 방어막을 펼쳤다.

건망증인지 케모 브레인인지 궁금하지만 확인할 방법은 없다. 주위에 암과 무관하게 '나도 깜빡깜빡하거든'이라고 말하는 이가 점점 많아지는 걸 보면 그저 노화의 자연스러운 현상인지도 모른다. 기억력은 청년기에 정점을 찍고 이후에 조금씩 쇠퇴한다. 대신 풍부한 경험과 쌓여가는 연륜이 그 자리를 채워가는 건 아닐까.

한편으로는 케모 브레인이라고 한들 어쩌겠는가 싶다. 과거로 돌아가더라도 후유증이 무서워서 치료를 안 받을 것도 아닌데. 그때나 지금이나 최선을 다할 뿐이다. 기억과 무관하게 우리는 여전히 소중한 지금 이 순간을 살고 있으니까. 영화 〈스틸 앨리스(Still Alice)〉는 주인공 앨리스가 조발성 알츠하이머병으로 기억을 서서히 잃어가는 모습을 담고 있다. 앨리스는 슬픈 현실을 담담하게 인정하고 받아들이며 삶에 최선을 다한다. 그저 지금 이 순간을 살아야 한다고 말하며.

건망증이든 케모 브레인이든 고민은 잠시 넣어두면 어떨까. 과거는 지나갔고 미래는 알 수 없지만 현재는 오롯이 나의 것이니까. 나에게 주어진 지금 이 순간이 소중하다. (오늘 아침에 뭘 먹었지 기억나지 않는 건 비밀이다. 쉿.)

"지금 이 순간을 살라고 스스로에게 말합니다.
그게 제가 할 수 있는 전부니까요."

-영화 〈스틸 앨리스〉 중

살길은 운동뿐,
평생 쿠폰 획득

어느 날 전우회 멤버인 그녀에게서 전화가 왔다. 받자마자 숨 쉴 틈도 없이 분노의 모노드라마가 시작된다. 대화를 하고 싶었다기보다는 들어줄 상대가 필요했던 게 분명하다.

"어쩌면 그렇게 단호하니? 정기검진 갔다가 선생님한테 불호령이 떨어졌어. 운동도 하고 체중도 줄이라고. 나도 하고 싶지. 근데 너도 알다시피 그게 마음대로 되니? 일하는 것도 힘들고 체중은 약 때문에 어쩔 수 없잖아. 응? 그치, 맞어. 운동을 하긴 해야지. 나도 알지. 그래도 이렇게 혼이 나면 또 정신을 차리니 다행이기는 해. 호호, 너도 운동 열심히 해."

1절에서 돌직구의 대가인 담당의에 대한 서운함을 호소했다.

2절에서는 이런저런 핑계를 대보지만 3절에서 어느새 스스로 인정하고 체념한다. 4절은 운동에 대한 각오와 당부로 아름답게 마무리한다. 치료 후 그녀는 나름 철저하게 관리하는 모범생이었지만 다시 일을 시작한 뒤로 정신없는 삶에 허덕거리고 있었다.

사람 사는 거 다 똑같다는 위안감은 잠시뿐이다. 나도 퍼뜩 정신을 차린다. 투두둑 관절이 삐거덕거리고 전신이 뻐근하다. 그러고 보니 한동안 운동을 안 했다(못한 거라고 주장하려고 보니 근거가 빈약하다). 정직한 몸은 잠깐의 게으름도 허용하지 않고 어김없이 신호를 보낸다. 너무 피곤하다거나 집안일로 정신이 없다고 슬그머니 핑계를 대보지만 예외는 없다. 평생 무보수의 철두철미한 트레이너를 몸에 장착했다. 돈 주고도 못 사는 거라는 뿌듯함으로 발상을 바꾼다.

지극히 개인적인 기호이자 취미였던 운동이 내 삶의 우선순위 최상단에 위치하게 될 줄 몰랐다. 암 치료 후 강조되는 식이, 운동, 마음 관리는 어느 것 하나 쉽지 않다. 그래도 살려면 먹어야 한다. 마음은 신체적 수고로움을 필요로 하지 않는다. 운동은 안 해도 당장 먹고사는 데 지장은 없다. 애써 귀찮게 몸을 움직이는 수고로움도 감수해야 한다. 꾸준히 운동을 하는 게 쉽지 않은 이유다. 새해에 비장한 결의로 헬스장에 등록하지만 점점 발길이 뜸해진다. 어느새 등록했는지조차 잊는 게 인지상정이다. 큰일을 겪어도, 본능을 거스르는 의지까지 자동으로 장착되지는 않는다. 갈수록 슬금슬금 느슨해진다.

누군가는 묻는다. 크게 아팠는데 건강이 신경 쓰이지 않느냐고. 당연히 쓰인다. 몸과 마음이 따로 움직이는 것뿐이다. 인지부조화라고나 할까. 매 순간 긴장하고 자각하며 나사를 쪼이는 건 현실적으로 쉽지 않다. 물론 어느 영역에나 존재하는 상위 1퍼센트의 경우는 논외다.

초반에는 신경 써서 꼬박꼬박 운동을 했다. 햇볕이 따사로운 시간대에 동네 산을 오르거나 공원을 어슬렁거렸다. 운동에 꽤 진심인 자연인처럼 보였는지도 모른다. 근력을 키우려고 필라테스와 홈트레이닝도 했다. 양심상 꾸준히는 아니어도 잊을 만하면 뭐라도 해보려고 시도는 했다.

돌발 변수인 복직으로 어설픈 노력은 위기를 맞았다. 물리적으로는 최소 10시간(여덟 시간 일하고, 밥 먹고, 이동 및 출근 준비를 하는 등), 실상은 12시간 매인 몸이 됐다. 시간뿐만 아니라 에너지와 정신력도 소모된다. 스트레스받지 않고 쉬엄쉬엄하며 숨만

쉬는 데도 기초 대사량은 필요하다. 돈을 받는 곳인 만큼, 그 공간에 있는 것만으로도 긴장감이 높아진다.

  이런 상황에서 운동은 언감생심이다. 눈뜨면 출근하고 집에 오면 퍼지는 일상이 펼쳐졌다. 차라리 적응 기간이라 생각하고 마음을 내려놓으면 나았을걸. 해야 하는 걸 알면서도 못 하니 괜히 서럽고 불안하다. 왠지 의지가 나약한 인간인 것 같아 자책감도 든다.

  다행히 주절주절 모든 변명을 압도하는 존재가 있다. 강제 운동을 가능케 하는 그것은 바로 항호르몬제였다. 매일 복용하는 새끼손톱보다 작은 알약은 그 효과만큼 부작용도 크다. 대표적인 부작용은 골다공증과 관절통이다. 복용 초반에는 허리가 너무 아파 직립보행조차 어려웠다. '하다 하다 이제 유인원으로 돌아간 건가' 하고 자괴감이 들었다. 다행히 지금은 많이 좋아져서 똑바로 서서 걷는 영광을 누리고 있다. 골다공증은 아직 눈에 보이는 타격감은 없지만 점점 수치가 낮아지더니 어느새 경계선에 이르렀다.

  부작용을 완화하는 방법을 부단히 찾아봤지만 딱히 묘안은 없다. 기껏해야 진통제인데 약을 먹으면 또 다른 부작용이 생긴다. 결론적으로 의료진이나 환자나 공통으로 이야기하는 최고의 방법은 운동이다. 적당한 신체활동은 증상을 훨씬 완화시킨다. 반대로 운동을 하지 않으면 CCTV로 감시라도 하는 것처럼 제꺼덕 출동한다.

뻑적지근함과 관절이 헐렁해진 싸한 느낌을 맛보면 다시 부지런히 몸을 움직인다. 엘리베이터 대신 계단을 이용한다. 조금이라도 더 걷고 짬이 나면 스쿼트를 한다. 보기에는 우스꽝스러워도 버둥거리며 스트레칭도 한다. 숭숭 구멍이 뚫린 공포스러운 뼈 그림(골다공증)과 무시무시했던 관절통은 강한 동기부여가 된다. 자다가 몸에서 발목이 떨어져 나갈 것 같던 끔찍한 기억에 부지런히 몸을 놀린다. 여하튼 남들은 돈 주고도 하기 힘든 운동을 (다른 방법이 없어서이긴 하지만) 느슨하지만 놓지 않고 이어가고 있다.

다만 작심삼일이라는 말처럼 초심을 지속하기는 쉽지 않다. 대부분 일도 운동도 열심히 하겠다고 각오를 다지지만 체력, 시간, 의지 무엇 하나 녹록지 않으니까. 그러다 보면 혹시 이러다 다시 아프지 않을지, 내 몸도 못 챙기면서 일하는 게 맞는지 고민하게 된다. 나도 똑같은 과정을 겪었다. 실제로 이런 이유로 어렵게 시작한 일을 그만두는 경우도 있다. 하지만 운동은 암경험자뿐만 아니라 누구에게나 필요하다. 단순히 젓져 보이기 위해서가 아니라 건강한 삶을 위한 필수 항목인 셈이다.

  주위를 봐도 건강검진에 매번 재검이 뜬다. 대표적인 성인병인 당뇨, 고지혈, 고혈압 등 여기저기 부실해지는 몸투성이다. 역설적이게도 큰 병을 겪으면 더 열심히 운동하고, 몸도 챙기게 된다. 병에 걸린 것만 아니면 이전보다 더 건강해지는 경우가 많다.

  결국 건강한 몸을 만들어가는 건 스스로다. 아픈 건 아쉽지만 덕분에 웃돈을 주고도 살 수 없는 '건강관리 평생 쿠폰'이라는 소중한 보물을 획득했다. 잊어버릴 만하면 알아서 일깨워 주니 얼마나 고마운가. 일명 평생 밀당. 그 힘들고 어려운 걸 쭉 해야 한다. 너무 당겨서 끊어져도 너무 느슨해서 퍼져도 안 되는 밀고 당기기. 느슨해지면 고삐를 조이고 긴장감이 넘치면 살짝 풀어주면서.

  운동뿐만 아니라 식습관과 마음 관리도 마찬가지다. 연애할 때 못 해본 밀당의 아쉬움을 달랠 기회를 얻었다. 놓을락 말락 하는 적당한 긴장감과 예측 불가의 흥미진진함을 기대하며 각오를 다진다.

제발은
제발 Don't worry!

 이따금 숨조차 쉬기 힘든 가슴의 통증이 찾아온다. 몇 차례 겪다 보니 이제 낯설지 않지만 처음에는 당황스럽고 무서웠다. 보통 전조 증상 없이 갑자기 나타난다. 가령 운전할 때나 사무실에 앉아 있거나 집에서 TV를 보다가 훅. 다행히 숨을 멈추고 가만히 있으면 언제 그랬냐는 듯 사라진다. 통증을 오롯이 느끼며 얼음, 잠시 후 땡. 즐겁게 춤을 추다가 그대로 멈추는 것처럼.

 구체적인 증상을 떠올려 보면 왼쪽 가슴 안쪽을 꽉 비틀어 꼬집는 것 같다. 가슴에 쥐가 난 것처럼. 자라 보고 놀란 가슴 솥뚜껑 보고 놀란다고 혹시 심장 문제인가 싶지만 위치가 다르다. 이런저런 고민을 해보지만 아마도 후유증이지 싶다.

유방암 치료는 가능한 경우 기본적으로 수술을 한다. 림프를 타고 다른 장기로 전이되는 경우가 있어 겨드랑이 아래 림프절도 절제해 검사한다. 때로는 모든 림프절을 제거하는 곽청술을 시행하기도 한다. 몇 년이 지나도 방금 같은 정체 모를 통증이나 근육통이 찾아온다. 그 외에 림프부종도 삶의 질에 큰 영향을 준다.

수술 직후에는 가슴보다 림프절 쪽이 더 아팠다. 가슴은 한 방 제대로 맞고 녹다운돼 미처 아플 겨를이 없었던 것 같다. 림프절은 신경조직이 손상돼서인지 요즘도 가끔 욱신거린다. 겉으로 티는 안 나지만 나만 아는 오묘한 느낌이다. 할머니들이 날이 궂거나 추우면 몸이 안 좋다더니 신기하게도 딱 그랬다.

날씨보다는 컨디션에 영향을 많이 받는다. 조금 무리하거나 몸살 기운이 있거나 코로나19 감염 같은 이벤트가 생기면 여지없다. 평소에도 누르면 아프지만 범위가 가슴과 겨드랑이를 넘어 옆구리까지 확대된다. 통증도 심해진다. 면역력이 떨어지면 몸의 가장 약한 곳에 반응이 나타난다는 설명도 있다. 논리적이지만 왠지 마음은 다른 쪽에 끌린다. '이제 시간 좀 지났다고 다 잊은 거니? 일상으로 돌아가는 건 좋지만 몸도 챙겨야지. 뭣이 중한데?'라며 몸이 보내는 소중한 신호라고.

몸이 조금이라도 아프면 즉시 불안의 스위치가 켜진다. 의식적인 노력으로 통제되지 않는 무의식적인 반응이다. 일상으로 푹 스며들어 잘 지내다가도 스위치가 작동되면 다독여둔 걱정 보따리가 열린다. 불안과 걱정은 늘 꼬리에 꼬리를 물고 기묘한 스토리로 이어진다. 암경험자로 살면서 재발에 대한 두려움을 완전히 내려놓기는 어렵다. 긍정적으로 생각해보려고 하지만 잘 되지 않을 때가 있다.

한동안 컨디션이 안 좋은지 가슴 전체가 욱신거렸다. 요기조기 꾹꾹 눌러보니 왠지 보통 때와 느낌이 다르다. 심지어 옆구리도 아프다. 내친 김에 가슴과 옆구리 뼈를 살살 눌러봤는데 여기도 아프다. 머리로는 아프다고 다 암이 아닌 걸 아는데 마음은 어느새 갈라져 힘겨루기를 한다.

'원래 컨디션 안 좋으면 아프잖아! 별거 아니야. 이런 생각할 시간에 좋은 거 챙겨 먹고 푹 쉬고 운동하자'라며 하얀 천사가 다독인다. 어느새 검은 기운이 나타난다. '그때 멍울도 아팠잖아. 유방암은 뼈 전이가 많잖아. 혹시? 보통 때와 아픈 느낌이 다르잖아'라는 목소리가 귓가에 들린다.

가족이나 친구들에게는 말을 꺼내기가 마뜩지 않다. 괜히 걱정만 끼칠 것 같다. 어색하고 무거운 분위기를 만들고 싶지 않다. 치료를 마치고 일상을 잘 지내는 이들이 괜히 나 때문에 불안해질까 봐 조심스럽다. 혼자서 끙끙 눌러보려고 애쓰지만 마음대로 되지 않는다. 이 상황을 이해할 수 있는 건 전우뿐이다. 에둘러서 슬쩍 말을 꺼낸다.

> 혹시 수술한 가슴이나 옆구리 아픈 적 있어요?
> 갑자기 너무 뻐근해서요.

> 좀 무리한 날은 근육도 뭉치고 통증이 있더라고요.

> 수술 부위도 그렇고 무릎도 매일 아파요.
> 저만 이런 게 아니네요.

> 가끔 당기고 뻐근한데 스트레칭하고 심할 때는 재활치료 받으면 좀 나아져요.

> 나도 가슴이 망치로 맞은 것처럼 울렸는데 지나니 괜찮네요.

찐한 공감대의 물결이 넘쳐난다. 늘 즐거운 이야기로 서로를 응원하면서도 시크한 척 툭 던진 말에 각자의 힘듦과 고민이 봇

물 터지듯 쏟아진다. 조심스레 말을 꺼낸 나와 같은 마음이었나 보다. 아파서 걱정되지만 주변에 걱정을 끼칠까 봐 속으로만 전전긍긍했을지 모른다. 웃프지만 여기저기 소소하게 아프다는 회신에 위로받는다. 깜짝 고백 덕분에 덤으로 마음의 안심까지 얻었다. 나만 그런 게 아니라는 것에, 혼자가 아니라는 것에.

살다 보면 누구나 아플 수 있다. 꼭 병이 아니더라도 우연히 사고가 나서 다치거나 마음이 힘들 수도 있다. 이제는 아프거나 불편하더라도 혼자 웅크리고 동굴로 들어가지 않으려고 한다. 들어가 봐야 컴컴하고 막막하기만 하니까.

재발에 대한 걱정으로 다시 일을 할지 말지 망설이는 경우를 종종 본다. 같은 고민을 했기에 그 마음을 안다. 하지만 일 때문에 체력 소모나 정신적 스트레스가 심했던 경우가 아니라면 우리는 이미 알고 있다. 일을 한다고 더 아프고, 일을 안 한다고 괜찮은 게 아니라는 걸. 그 불안함의 벽을 넘기 힘들 뿐이다. 하지만 불확실한 미래에 대한 걱정으로 삶의 가능성을 접는다면 아쉽지 않을까?

걱정은 본능적으로 떠오르기에 막을 수는 없다. 다만 잘 달래고 도닥여서 멈출 수 있다. 잘 안 되면 든든한 전우들에게 SOS

를 칠 수도 있다. 비슷한 누군가가 있다는 것이 위로가 된다. 세심하게 몸을 관찰하고 아끼려는 노력은 필요하다. 다만 이제 몸이 보내는 신호에만 집중하고 꼬리에 꼬리를 구는 생각은 뚝 멈춰보자. '그래. 걱정할 수도 있지. 나만 그런 것도 아닌데, 뭐'라고 여유롭게 걱정을 흘려보내면서.

걱정 많은 소심쟁이에게 심란할 때 힘이 되는 말이 있다. '걱정을 해서 걱정이 없어지면 걱정이 없겠네.' 티베트 속담이다. 괜히 일어나지도 않을 일을 걱정하느라 쓸 에너지와 시간, 마음의 공간이 아깝다. 지금 이 순간 할 수 있는 것에 집중하며 오롯이 느끼고 받아들이려고 한다. 그걸로 채워가기만도 아쉬운 너무나 소중한 시간이니까.

직장인이자 암경험자의
은밀한 이중생활

 복직을 고민하면서 일과 치료를 병행하는 게 내심 걱정됐다. 먼저 사회에 복귀한 이들에게 수소문했지만 역시나였다.
 "한 달에 한 번 별거 아닌 것 같은데 은근 힘들더라고. 내 몸만 챙길 수 있는 것도 아니고."
 "세 달마다 가는데도 체감상으로는 엄청 자주야. 중간에 검진도 있고."
 "표적 치료 중인데 부작용이 심해서 다시 휴직해야 하나 고민 중이야."
 상황에 따라 치료 방법이나 주기 등은 다르지만 일도 하고 치료도 받는 건 쉽지 않다. 후속 치료를 받을 수 있다는 건 행운이고 감사한 일이지만, 정기적으로 병원에 방문하는 건 현실적인 문제다. 암경험자로서 일과 치료의 병행. 눈물 없이 볼 수 없는 수준은 아니지만 고된 만큼 아름다운 이야기가 시작됐다.

수술, 항암, 방사 3종 풀세트를 마쳤다. 마음은 만기 제대 후 안녕을 외치고 싶지만 현실은 아직 치료가 남은 예비군이었다. 싹둑 자르고 약도 뿌리고 불로 지졌지만 암세포가 여성호르몬과 반응하지 못하게 하는 예방적 치료를 받아야 했다. 몸의 주인을 닮았는지 타입도 호르몬 강양성이다. 혈기왕성(이라고 하기에는 다소 민망한 40대지만 암 병력 기준으로는 그렇다)한 만큼 치료도 강하게 진행됐다. 끝날 때까지는 끝난 게 아니었다.

치료는 1차로 호르몬이 생성되지 않게 막고(주사), 2차로 생성된 호르몬이 암세포와 결합하지 못하게(알약) 진행됐다. 주사는 4주마다 맞고 약은 매일 먹는다. 5년을 목표로 열심히 미션 수행 중이고 현재 진척도는 무려 80퍼센트. 감동의 도가니다.

매일 복용하는 약은 정신만 똑바로 차리면 큰 어려움이 없을 줄 알았다. 하지만 깜빡하지 않기 위해서도 부단한 노력이 필요했다. '오늘 약을 먹었나? 안 먹었나? 나도 몰라'의 반복인 데다 직장에 매인 몸이니 주사를 맞으러 가기도 만만치 않았다. 마음대로 주기를 바꾸거나 조정할 수 없다. 몇 달에 한 번도 아니고 거의 매달 꼬박꼬박. 중요한 일정(이 딱히 없긴 하지만)이나 여행을 계획할 때는 주사 일정부터 확인했다. 무엇보다 복직 직후 연차가 없다는 놀라운 사실을 안 뒤로 심리적인 부담이 컸다.

그래도 제일 중요한 건 치료다. 치료 자체는 오래 걸리지 않는다. 회사에서 병원까지의 이동과 늘 꽉 찬 병원 주차장이 보너스 옵션일 뿐. 다행히 자율출근제 덕분에 일과 치료를 병행할 수 있었다. 사장님 최고! 하루 여덟 시간 고정 근무라면 불가능했지 싶다. 어쩌다 한두 번이야 배려받더라도 몇 년 동안 매달 그러기는 쉽지 않다. 주위 사람들이 이해를 해주더라도 내 마음이 편할 리 없다. 치료뿐만 아니라 정기 검사와 진료도 있으니까.

상급 병원의 항암 주사 병동은 주간에만 운영된다. 오후 3시에서 4시경이면 접수가 마감되기도 한다. 제주에서 오든 부산에서 오든 예외는 없다. 주사 치료만 직장 근처로 옮길까도 생각했지만 왠지 낯선 병원에 또 가고 싶지 않았다. 새로운 곳에 적응하는 데도 나름 에너지가 필요하니까. 치료 병원은 새로운 삶을 준 고향처럼 느껴지기도 했다. 수없이 들락날락하며 희로애락을 함께 한 익숙한 곳이다.

그래도 정신 차리자. '통제할 수 있는 것에 집중하자(후속 치료는 통제할 수 없지만 대응 방법은 찾을 수 있다)'라고 외치며 이런저런 잔머리를 굴렸다. 수소문해 보니 누군가는 3개월 또는 6개월마다 주사를 맞는단다. 주기를 늘릴 수는 없는지 슬쩍 질척여본다. 단호박을 갈아 먹은 듯한 주치의 선생님은 갈을 마치기도 전에 단호하게 '노'라고 한다. (오랜 공부로 풍부한 의학 지식과 임상경험을 갖춘 의느님의 분부를 거스르려 하다니, 반성합니다.)

징징거리지만 실은 알고 있다. 쓸 수 있는 약과 치료법이 있다는 게 어떤 의미인지. 표준 치료 후에도 혼자 굴안에 떨지 않도록 장기간 보살펴 주니 그저 감사할 따름이다. 비록 대바늘 같은 주삿바늘로 배에 송송 구멍이 뚫리지만 영광의 상처다. 가슴에 남은 수술 자국처럼. 먹는 약의 부작용도 단만치 않다. 작지만 명색이 항암제니까. 그만큼 강력하게 나를 지켜주리라 믿는다. 내 몸을 살리는 보약이라 믿고 빠뜨리지 않으려고 애쓴다.

이런저런 시행착오 끝에 치료를 병행하기 위한 최적의 루틴을 찾았다. 바로 더 일찍 출근하기. 아침 6시쯤 사무실에 일등으로 출근하던 묘한 느낌이 아직도 기억난다. 왜 하필 급한 일은 이날 몰리는지. 하루 미룬다고 큰일 날 리 없는데 덮어놓고 가기가 왠지 편치 않다. 타고난 누렁소의 근성은 당최 바뀌질 않는다.

'이것만 마무리하고 가야지' 했는데 째깍째깍, 출발 시간의 마지노선이 다가온다. 누가 시킨 것도 아닌데 초조함을 자초했다. 슬슬 증폭돼 화가 나는데 탓할 대상이 없다. 굳이 찾자면 나? 허겁지겁 주차장으로 뛰어가서 레이서가 된다(마음만 그렇습니다. 매우 모범적으로 운전합니다). 그 와중에 옳다구나 하고 주유 경고등에 불이 들어온다. 세상사 마음대로 되는 게 당최 없다. 아슬아슬 마감 직전 병원에 도착하면 촉박함에 쫓기며 서러웠던 마음은 사라지고 힘든 미션을 해냈다는 뿌듯함과 성취감이 샘솟는다. 다음에는 여유 있게 나오리라 다짐하지만 종종 반복되는 레퍼토리다.

그 와중에 쿼드러플 세트가 등장한다. 같은 달에 주사, 검사, 진료 찍고 다시 주사로 이어지는 엄청난 일정. 한참 뒤의 일인데도 달력을 볼 때마다 한숨이 나왔다. 괜히 눈치도 보인다.

'아직 업무도 서투른데. 연차도 없고 근무시간은 도대체 어떻게 하지?'

머릿속에는 오만 걱정이 둥둥 떠다닌다. 난이도 최상급이다. 그래도 신은 견딜 수 있는 만큼의 시련을 준다고 했다. 수많은 걱정에도 업무도, 검사도, 진료도 무사히 지나갔다. 덤으로 성공적인 미션 수행에 대한 자부심이 주어졌다.

늘 그렇듯 걱정하는 대부분의 일은 실제로 일어나지 않는다. 쉽지는 않아도 안 되는 것도 아니라는 걸 이렇게 배운다. 퇴근 후 열이 나는 아이를 데리고 야간진료를 하는 소아과를 찾아 헤맸었다. 학부모 상담, 참관수업, 운동회, 졸업, 입학 등 행사로 이리 뛰고 저리 뛰던 기억도 난다. 정신없고 힘들었지만 그럭저럭 지나왔다. 그 시간이 차곡차곡 쌓여서 지금에 이르렀다. 그만둘까 수없이 고민하며 종종 눈물 바람이었던 초보 워킹 맘의 시간을 이제는 웃으며 돌아본다.

 치료도 받고 일도 할 수 있어서 감사하다. 잘하고 있는지는 알 수 없지만 둘 다 버티며 그럭저럭 해나가고 있다. 누가 알아주지 않아도 혼자 양어깨 살포시 토닥토닥 스스로를 응원한다. 장하다고 잘하고 있다고.

 "암을 겪었지만 다시 일도 하고 평범한 일상을 지내는 걸 보는 것만으로도 힘이 돼요. 저도 그렇게 할 수 있겠죠?"라는 응원을 마음에 새긴다. 치열했던 만큼 훗날 돌아보면 아름다운 추억일 테니까.

새로운 일상과의 도킹,
미션 컴플리트

도킹(docking)

: 인공위성이나 우주선 따위가 우주공간에서 서로 결합함. 또는 그런 일.

암경험자로서의 복직은 육아휴직 후의 그것과는 사뭇 달랐다. SF 영화에서나 나올 법한 '도킹'이라는 단어가 떠오를 만큼. 긴 시간 우주여행 후 지구에 돌아온 느낌이 이럴까. 주위 사람들은 모두 예전과 같은 모습으로 잘 지내왔는데 나만 낯선 외계인으로 은하계를 떠돌다 온 것 같다.

어느 날 아침 커피를 내려서 탕비실 문을 열었다. 자리로 돌아오는 불과 몇 초 사이 눈앞에 가상의 공간이 펼쳐졌다. 블랙홀에 빨려 들어가는 것처럼 비현실적인 느낌이다. 다들 평소처럼 대화를 나누고 일하는데 나만 분리된 것 같다. 파병 군인이 고향에 돌아와서 이웃을 만나면 이런 느낌일까. 생과 사를 넘나드는 전쟁터에서 돌아온 뒤 강한 이질감과 맞닥뜨렸다.

강제로 멈춘 시간 동안 나는 혼란스럽고 힘들었는데 다른 이들은 여유롭게 잘 지낸 것 같다. 딱히 탓할 거리도 대상도 없는데 괜히 억울하다. 암을 인정하고 받아들인 뒤로 좀처럼 하지 않았던 원망이 스멀스멀 올라온다.

'왜 하필 나일까?'

암환자가 되고 나서 한동안 생활 반경과 인연은 모두 암과 연결됐다. 병원을 내 집처럼 드나들었다. 인생의 극적 경험이라는 공통분모 덕에 전우들과는 쉽게 친해졌다. 치료라는 특별훈련을 함께 받고 끈끈한 전우애를 키웠다. 자조 모임과 블로그를 통해 소통하며 마음을 나눴다. 비록 원치 않은 가혹한 상황에서도 푸근한 울타리가 돼줬다. 그곳에서 서서히 상처받은 몸과 마음을 추슬렀다. 이후에도 비밀 결사대처럼 종종 찐한 감정을 공유했다.

그렇기에 사회복귀는 단순히 다시 일을 시작하는 것 이상의 의미로 다가왔다. 익숙했던 환경과 만나는 사람이 모두 달라진다. 마이너라는 소수의 감정이 느껴지지 않는 편안한 둥지를 떠나는 것이다. 물론 영원히 여기에 머물 수 없다는 걸 알고 있다. 이제 각자의 일상으로 돌아가야 한다는 것도. 영영 이별이 아니라 각자의 자리에서 삶을 응원한다는 것도. 다만 잠시 적응할 시간이 필요했다.

 이제 경주마처럼 앞만 보지 않기로 다짐했다. 조금 천천히 쉬어가면서 가끔 멈춰서 뒤도 돌아보겠노라고. 100미터 트랙을 전력 질주해야만 행복한 건 아니니까. 천천히 뛸 수도 걸어갈 수도 있다. 꼭 선수로 참가해야만 하는 것도 아니다. 그들을 바라보며 응원을 할 수도, 잘 뛸 수 있도록 트랙을 정비할 수도 있다.

 그렇게 다 내려놓은 줄 알았다. 그런데 다시 운동장에 놓인 순간 '예전처럼 달리지 못하는 사람'이라는 패배감, 자격지심, 소외감, 열등감 등이 앞서거니 뒤서거니 하며 우르르 몰려왔다. 업무에 필요한 권한을 받는 데만 2주가 걸렸다. 신입 사원이나 새로 온 누구라도 겪을 일인데 낮아진 자존감은 스스로를 깎아내렸다. 몸은 몸대로 고단했다. 근무 중 반드시 쉬어야 하는 타이밍에 쉬지 못하니 피곤했다. 에너지를 마이너스로 끌어당겨서 버텼다. 퇴근 후 밥을 차려주고 집도 치워주는 우렁 각시는 꿈에만 나타났다.

  몸이 힘들면 마음이 우울해지고 마음이 우울하면 다시 몸도 가라앉는 악순환이 이어졌다. 치료 중 힘들었던 상황을 다시 맞닥뜨렸다. 계속 버틸 수 있을까. 과연 맞는 선택이었을까. 누구도 대답할 수 없는 질문들이 머릿속을 맴돌았다. 마음 한편에서는 슬그머니 익숙하고 편안했던 공간과 사람들의 품으로 돌아가고 싶었다.

  한없이 쪼그라들고 작아지던 나를 잡아준 건 가족과 주위 사람들이었다. 제대로 월급 값도 못 하고 어리바리 출퇴근만 겨우 하는 궁색한 처지였는데 '역경을 극복한 멋진 사람'이라고 불러줬다. 암을 겪었지만 잘 견디고 일까지 하니 기특하고 장하단다. 고된 치료와 다시 일할 수 있을지 걱정하는 이들에게 힘이 될 거라고도 했다. 비단 병이 아니어도 살다 보면 크고 작은 위기가 찾아온다고, 그 파도를 잘 견디고 지금 이렇게 돌아온 노력과 용기만으로도 충분하다며 너무 애쓰지 않아도 된단다.

  혁혁한 업무 성과를 낸 것도 후세에 길이 남을 업적을 세운 것도 아니었다. 그저 살고 싶어서, 밥벌이 하고 싶어서 아등바등

했을 뿐이기에 가슴 벅차게 고마웠다. 마치 아기처럼 잘 먹고 잘 자고 쑥쑥 잘 자라고 그 존재 자체로 사랑받는 듯했다. 흔들렸던 나의 선택에 확신을 가질 수 있었다. 잠시 고단하고 힘들지만 견딜 수 있는 힘이 됐다.

따뜻한 응원과 배려는 동굴 속에서 웅크린 몸과 마음을 조금씩 펴줬다. 스스로 만든 틀에 갇혀 이방인이라 느꼈을 뿐이다. 동료들은 다시 돌아온 나를 반갑게 맞아줬다. 내가 없는 평화롭게만 보인 시간 속에 각자의 속내와 어려움이 있었다는 걸 나중에야 알았다.

업무는 지식과 경험의 영역이라 실질적인 도움이 필요했다. 방법은 하나, 다시 초심으로 돌아가서 모르면 물어보기로 했다. 신입 사원이라면 기특하겠지만 어쩔 수 없다. 마음만은 신입인 걸로. 어차피 잘 모르고 얼렁뚱땅 하다가 사고라도 치면 줄줄이 엮어서 결재자와 유관 부서까지 모두 힘들 테니까.

일은 혼자 하는 게 아니라며 용감함과 뻔뻔함의 경계를 넘나든다. 처음이 어렵지 한 번 입을 떼자 탄력이 붙는다. "혹시 이거 어떻게 하는지 아세요?"라고 물으면 도와주겠다는 이들이 쇄도한다. 그중 가장 쉽고 효율적으로 설명해주는 이를 간택하는 영광도 누린다. 물론 커피와 격한 감사 인사는 답례품으로 늘 따라간다.

 '알려고 노력하지 않는 게 문제일 뿐 모르는 건 죄가 아니다'라고 주장하지만 매번 묻는 게 번거로울 만도 한데 고맙게도 늘 기꺼이 알려준다. 좋은 이들 덕분에 중도 포기하지 않고, 다시 직장인으로 시나브로 스며들었다.

 일터에서 새로운 역할도 탐색한다. 잘나가는 선배는 아니지만 인생 경험 많은 좋은 선배는 될 수 있지 않을까. 좀 더 오래 살았다고 꼰대가 되려는 게 아니다. 그맘때 필요했거나 돌이켜 보니 도움이 될 만한 이야기를 해줄 수 있다. 껄끄러운 상사 맞춤 대응법, 얄미운 동료 멋진 복수법, 고된 육아로 번아웃이 올 때 버티는 팁, 알뜰살뜰하게 사내 복지제도를 활용하는 팁 등. 이제 짬밥이 만들어준 무기를 방출할 때가 됐다.

 출퇴근도 버거웠던 체력은 시간이 걸렸지만 조금씩 좋아졌다. 관절통으로 손가락 마디 하나 허리도 제대로 펼 수 없었지만 차츰 나아진 것처럼. 미처 깨닫지 못했지만 감사하게도 나의 몸과 마음은 스스로 달라진 환경과 조건에 적응하고 있었다.

 복직 1년이 지난 즈음, 성과가 숫자나 형태로 딱히 눈에 보이지는 않지만 왠지 뿌듯하다. 암경험자로서 새로운 일상과 도킹을 마쳤다. 성공적인지는 모르지만 어그러져서 이탈하지 않았으니 이만하면 됐다. 광활한 우주에서 놓치지 않고 찰떡같이 붙어 있는 게 어디인가.

 이제 우주에서 온 이방인이 아니라 색다른 우주여행을 경험한 특별한 사람으로 변신했다. 덕분에 들려줄 이야기도 많고 남들과 조금 다른 시선으로 세상을 볼 수도 있다. 혹시나 일상과 사회로 돌아오는 시간이 순탄치 않다면 더 단단하게 도킹을 하는 과정이 아닐까. 우주여행의 기억은 내 안 깊은 곳에 각인됐다. 나의 삶을 좀 더 즐겁고 행복하고 의미 있게 만들어주면서.

암경험자의 사회복귀 현실과 필요한 지원

Q. 암경험자는 왜 사회복귀를 어려워할까?

암환자 중 5년 상대생존율은 70.6퍼센트, 암경험자 중 직장 복귀율은 30.5퍼센트다. 대한암협회에서 진행한 사회복귀 의사가 있거나 치료 중 업무를 병행하고 있는 암경험자 855명을 대상으로 한 설문조사 결과에 따르면, 다음과 같은 힘듦이 있다고 응답했다. 각 항목마다 응답률이 높은 답변을 순서대로 적었다.

① 일터에서 겪는 신체적 어려움
- 불규칙한 몸 상태(69.7퍼센트)
- 기초체력 저하(42.1퍼센트)

- 물리적인 힘을 쓰기 어려움(37.2퍼센트)
- 집중력·기억력 등 능력 저하(34.3퍼센트)
- 그 외 수술부위 통증, 직장 내 발암 위험 요소, 우울증 등

 사회복귀를 고민하며 가장 걱정한 부분이 예측 불가능한 몸 상태와 체력 저하다. 근무 중에 당장 눕고 싶을 만큼 피로를 느낀 적도 있다. 복직 초반에는 체력적으로 풀타임 근무가 버거웠다. 회사에서 이미 에너지를 소진한 상태라 퇴근 후 아이들 케어나 집안일을 하는 데 어려움이 컸다.

 사무직이라 물리적으로 힘을 많이 쓰지 않지만 컴퓨터 작업 때문인지 후유증이 남은 오른쪽 손목과 어깨 통증이 심해졌다. 마우스를 바꾸고 틈틈이 스트레칭을 했지만 근본적인 통증을 없앨 수는 없었다. 다행히 시간이 지날수록 출퇴근과 근무에 몸이 조금씩 적응이 됐다. 컨디션 관리 요령도 생겨서 견과류, 두유 등 간식을 조금씩 자주 먹으며 에너지를 보충했다. 점심시간에 잠시 휴식을 취하면 피곤함이 한결 나아졌다.

② 일터에서 겪는 심리적 어려움
- 직장 생활 때문에 건강이 악화될 것에 대한 근심(80.7퍼센트)

- 업무 성과 스트레스(39.4퍼센트)
- 우울과 무기력감(36.6퍼센트)
- 그 외 고용불안, 대인관계 자신감 저하, 업무 소외감 등

　대한암협회에서는 특히 암 발병 4년 이후 우울, 무기력감, 고용 불안감이 높아지고, 암 극복 후 사회복귀 및 직업 유지에 따른 스트레스가 증가하는 것으로 추정했다. 치료 후 식이, 운동, 마음 관리가 중요하다는 걸 알지만 일을 하면서 균형을 잡기는 쉽지 않다. 충분한 운동과 수면 시간을 확보하기 어려워 건강을 잘 돌보지 못하고 있다는 불안감이 커진다. 점심 식사나 회식도 큰 고민 중 하나다.

　업무나 관계 때문에 받는 스트레스는 어쩔 수 없다 보니 재발에 대한 걱정도 불어난다. 예전처럼 열정적으로 일을 할 수 없어 아쉬우면서도 한편으로 열심히 하더라도 평가절하되거나 독하다며 수군거릴 듯해 신경이 쓰인다. 잘하고 싶지만 할 수 있을지, 하더라도 인정을 받을지 확신이 서지 않는다. 이런 상황이 자신감을 잃거나 우울한 감정으로 이어지기도 한다.

　또 복직 후 새로운 시스템과 업무 절차를 잘 이해하지 못할 때 도태되고 위축된 느낌이 들었다. 자유분방한 곱슬머리는 티를

안내려고 했지만 신경이 쓰였다. 다른 암경험자가 구직에 어려움을 겪거나 다시 일을 시작했지만 힘들어서 그만둘까 고민 중이라는 소식이 들려오면 왠지 남의 일 같지 않았다. 동료들에게는 평범한 업무(점심 식사, 회식, 승진, 출장, 파견 등)인데 수없이 고민하는 모습에 마음이 무거워지기도 했다.

③ 암 치료, 검진과 업무 병행에 따른 어려움

- 동료와 업무 및 휴가 일정 조율(59.4퍼센트)
- 일터와 병원 간 먼 거리(47.1퍼센트)
- 병가 등 휴가 부족(46.5퍼센트)
- 그 외 암 투병 사실이 회사에 알려지는 것, 검진 비용 부담, 체력의 한계 등

복직 후에도 정기 검사, 진료, 치료를 위해 매년 20번 이상을 내원했다. 특히 초반에는 연차가 없어서 힘들었는데 다시 하라면 할 수 있을지는 모르겠다. 주위를 보면 직장에 암경험자임을 밝히지 않고 병원에 방문하느라 눈치를 보기도 한다.

일반적으로 치료 종료 후 5년 간 경과를 관찰하며 정기검진과 진료를 받는다. 추가로 예방적 치료가 있으면 병원에 가야 할 일

은 더 많다. 현재는 병으로 쉬면 다음 해에 휴가가 없는데 개인적으로 가장 보완이 필요하다고 느끼는 부분이다.

④ 암경험자가 느끼는 일터 내 편견
- 업무 능력에 대한 평가절하(60.6퍼센트)
- 더 잦은 휴가를 쓸 거라는 편견(56.9퍼센트)
- 암을 불치병으로 여기는 동정심(35.5퍼센트)
- 그 외 심리 불안정으로 업무 지장 초래, 암생존자에 원인 책임 전가, 과한 배려 등

⑤ 암경험자가 느끼는 일터 내 차별
- 중요 업무 참여, 능력 발휘 기회 상실(60.9퍼센트)
- 단합, 친목 활동 배제(37.1퍼센트)
- 직·간접적 퇴직 유도 또는 해직(33.6퍼센트)
- 그 외 승진 불이익, 급여 감소, 주변 시선 등

* 응답자 중 69.5퍼센트가 일터 내 차별이 있다고 응답함

Q. 암경험자에게는 어떤 지원이 필요할까?
한 가지 대책만으로 모든 문제가 일시에 해결되기는 어렵다.

제도적으로 개선이 필요한 부분도 있고, 사회적인 인식의 변화도 필요하다. 먼저 유연근무제와 병원 검진 등 건강관리를 위한 휴가 제도의 보완이 시급하다. 치료 직후 면역력이 떨어진 상태로 붐비는 지하철이나 버스를 타고 출퇴근하는 건 위험하기도 하고 체력적으로도 부담이 된다. 재택근무나 자율출근제 등 유연한 근무제도는 탈모나 장루 등 치료 후 신체 변화에 적응이 필요한 기간에 유용하다.

암경험자들은 대한암협회에서 진행한 설문조사에서 다음과 같은 지원과 도움이 필요하다고 응답했다.

① 일터 내 편견, 차별 극복에 도움이 되는 개별적 지원

- 동료들의 응원과 배려(62.8퍼센트)
  * 단 암생존자의 요청에 따른 배려 필요
- 유사 상황을 겪은 멘토와의 상담(42.8퍼센트)
- 상사·인사 담당자와 충분한 대화(37.4퍼센트)
- 그 외 다양성 존중 문화 교육, 차별·배려 없이 동등한 대우 등

② 치료, 검진과 업무 병행에 도움이 되는 사내 제도

- 근무지 및 근무시간을 자율 선택하는 유연근무제(64.1퍼센트)

- 유연한 휴가 사용(51.7퍼센트)
- 증빙 자료 제출 시 치료 및 정기검진 유급 휴가 추가 제공(50.4 퍼센트)
- 그 외 암경험자 정기검진 의무화, 암경험자를 위한 복지비 혜택

③ 사회복귀·직업 유지에 도움이 되는 (국가) 제도

- 직업 복귀 프로그램(52.9퍼센트)
- 암경험자를 장애인 의무고용제도 대상자에 포함(50.5퍼센트)
- 신체적·정신적 건강도 평가 프로그램(46.3퍼센트)
- 그 외 구직·직업 유지·휴직·퇴직 등에 관한 진로상담, 기업 채용 정보 제공 등

④ 암경험자를 배려하는 제도

- 치료 기간 고용 보장(71.9퍼센트)
- 희망 업무로 배정 및 이동(42.6퍼센트)
- 심리적 안정을 위한 전문심리상담 지원(40.7퍼센트)
- 그 외 사내 휴식 공간, 노사 컨설팅, 휴직 시 소득 보장, 치료 후 병가 및 휴가 제도 등

개인적으로 도움이 많이 된 건 멘토링이었다. 먼저 사회로 복귀해서 시행착오를 겪어본 이들은 치료를 마치고 복귀를 준비하는 이들에게 현실적인 조언과 도움을 줄 수 있다. 점진적인 적응을 위한 직업 복귀 프로그램도 병행되면 더욱 효과적일 것 같다. 이런 제도적인 뒷받침 속에서 암경험자에 대한 사회적인 인식도 차츰 개선될 것이라 기대한다.

⑤ 암경험자의 삶의 질을 높이는 (국가) 제도

- 산정특례 기간 연장, 생계비 등 경제적 지원(74.0퍼센트)
- 지속적인 건강관리를 할 수 있는 1차 의료기관의 제도 강화 (52.0퍼센트)
- 운동, 심리 치료 등 재활 프로그램 지원(51.3퍼센트)
- 그 외 암환자 가정 생계 부양자의 취업 우선 지원, 육아·가사 등 가정에 도우미 지원

산정특례는 진단 시점을 기준으로 5년인데 후속 치료 기간이 이를 초과하는 경우도 있다. 산정특례가 종료되면 치료비 부담이 늘어나는데 이 때문에 치료받기를 포기하기도 한다. 비급여 표적항암 치료의 경우 수백만 원에서 수천만 원에 달하는 비용

이 들기 때문에 효과가 좋다는 것을 알면서도 약을 쓰지 못하기도 한다.

⑥ 암경험자들을 위한 위로의 말 vs. 불편한 말

- "우리 회사에 꼭 필요한 사람이에요."
- "도움이 필요하면 언제든 말해주세요."

  vs.

- "요즘 시대에 암은 별거 아니죠."

사회 구성원으로서의 나를 기다리는 누군가가 있다는 믿음은 삶에 대한 의지를 공고하게 해준다.
"다시 함께하기를 기다리고 있어요."
"언제든 편하게 말해요."
동료들의 따뜻한 말과 배려는 치료와 복직 후 좌충우돌하던 시간을 견디는 힘이 됐다. 반면 상식적으로 배려 없이 불쑥 내뱉는 말은 누구에게나 상처가 된다. 어쩌다 당한 교통사고에 네가 잘못했다거나 앞으로 잘 살라는 등의 말은 어불성설이다. 역지사지, 늘 필요하지만 항상 어려운 듯하다.

Q. 암생존자 통합지지센터를 아시나요?

치료를 마친 후에도 암경험자는 일상으로의 회복에 있어 신체적·심리적·사회적 어려움을 겪는다. 이미 치료를 마친 상태니 병원이나 주위에 도움을 청하기도 어렵다. 이런 암경험자들이 일상으로 잘 돌아갈 수 있도록 돕는 공공기관이 있다. 바로 '암생존자 통합지지센터'다. 2019년에 국립암센터가 '중앙 암생존자 통합지지센터'로 지정됐고 현재 전국 13개 권역에서 운영되고 있다.

암생존자 통합지지센터는 공공 지원 기관으로 암생존자와 가족에게 도움이 되는 다양한 프로그램을 운영 중이다. 암생존자의 관점에서 필요한 맞춤형 프로그램을 제공해 참여자의 만족도도 높고 일상 복귀에 대한 실질적인 도움을 받을 수 있다. 다만 이 내용을 모르는 경우가 많은데, 표준 치료가 끝날 때 치료 병원에서 안내를 해주면 더 많은 이가 도움을 받을 수 있을 것이다.

센터는 치료 병원과 상관없이 원하는 곳에 등록이 가능하다. 나는 분당서울대병원에서 치료를 받고, 집 근처인 경기권역 암생존자 통합지지센터(아주대학교병원)에 등록했다. 치료 후유증이나 암경험자들의 어려움을 고려한 다양한 프로그램이 진행된다. 식이나 마음 관리뿐만 아니라 자녀 양육 고민이나 직장 복귀 등 암경험자가 겪는 어려움에 대해 세심하게 맞춤형 서비스를 제공한다. 운동도 림프부종 관리, 손목 통증 완화, 올바른 걷기, 하복부 기능 개선 등 각자 상황에 따라 활용할 수 있다.

  실제로 여러 프로그램에 참여하면서 회복에 도움을 받았다. 특히 예상하지 못한 컨디션 저하와 우울감, 가족과의 관계 등 문제 상황에 대해 스스로 대처할 수 있는 힘을 키울 수 있었다. 몸 상태를 객관적으로 체크하면서 회복의 의지를 다지기도 했고, 무리하지 않는 운동법도 배웠다. 다른 암경험자와 이야기 나누면서 혼자가 아니라는 위로도 받았다. 특히 명상 수업은 재발에 대한 두려움을 덜어줬고, 불면증도 완화됐다. 도와주려고 손 내미는 누군가가 있다는 것만으로도 큰 힘이 된다.

① 대상

암 진단 후 완치 목적의 주요 치료(수술, 항암, 방사선)를 마친 암생존자와 가족

② 참여 방법

거주 지역 내 암생존자 통합지지센터에 방문 및 전화로 등록

③ 서비스 내용

- 신체적 지원: 운동 프로그램, 피로감 관리, 영양 및 식생활 관리 등
- 심리적 지원: 심리상담, 수면 위생 교육, 이완 훈련, 재발에 대한 두려움 관리 등
- 사회적 지원: 직업 복귀 지원, 사회복귀 상담, 지역사회 자원 연계 등

④ 센터 현황

국립암센터(중앙센터), 강원대학교병원(강원), 아주대학교병원(경기), 가천대학교길병원(인천), 단국대학교병원(충남), 충남대학교병원(대전), 충북대학교병원(충북), 전북대학교병원(전북), 화순전남대학교병원(광주·전남), 칠곡경북대학교병원(대구·경북), 경상대학교병원(경남), 부산대학교병원(부산), 울산대학교병원(울산), 제주대학교병원(제주)

3장

살아낸 김에,
즐겨보려고요

내 삶의 또 다른
화양연화를 꿈꾸며

시간이 약이라더니 슬슬 몸이 적응되면서 마음의 여유가 생겼다. 매일 아침 고소한 원두 향을 맡으며 하루 한 잔 모닝커피의 행복을 만끽한다. 험난한 여정 끝에 다시 찾은 편안함이 더없이 소중하다.

고생 끝 행복 시작이면 좋지만 삶이 어디 그러한가. 좌충우돌하며 적응할 때는 미처 딴생각할 겨를이 없더니 조금이나마 안정을 찾으니 틈이 생긴다. 회사는 사교 공간이 아니라 돈과 노동을 교환하는 곳이자 누군가와 얽혀서 일하고 외부의 시선으로 평가받는 곳이니까.

안정 속에 생긴 빈틈을 놓치지 않고 파고든 건 질투였다. 조직 변동으로 분위기가 술렁이던 어느 날 오후 동료가 물었다.
 "그 소식 들었어?"
 예전에도 회사나 부서 소식은 늘 마지막에 듣는 최후의 1인이니 알 턱이 없다. 묻는다기보다는 최신 정보를 알려준다는 부심이 틀림없다. 금시초문인 듯한 나의 반응을 보더니 역시나 의기양양해졌다. 동기가 곧 중간관리자가 된다는 소식을 전했다. 그녀는 얼마 후 회사 지원으로 대학원도 다니기 시작했다. 성실하고 유능하고 관계까지 원만하니 가히 에이스라 불릴 만하다.
 푸릇한 신입 사원 시절 우리는 같은 날 입사해서 함께 교육받았다. 서로 놀랄 만큼 비슷한 점이 많았다. 심지어 몇 년 후 사내 커플이 된 것까지. 좋아하고 친한 사이라 진심으로 축하했다. 다만 그녀를 향한 마음과 별개로 나를 향한 마음은 요동쳤다. 부러움은 애써 덮어뒀던 가정을 상기시켰다.
 '만일 암에 안 걸렸더라면?'
 '뭣이 중헌디'를 읊조리며 다 내려놓은 도인의 경지를 넘봤다. 오순도순 가족과의 행복이 최고라고 외쳤다. 그런데 막상 회사에 오니 마음이 흔들린다. 상대적으로 더 중요한 업무, 상위 고과, 성과 인센티브 등. 내가 아닌 외부의 시선과 평가만 존재하는 것 같다. 비교는 불행의 씨앗이라더니. 같은 공간에 있지만 병가복귀자인 나는 이것들과 무관한 열외자인 것 같다. 눈에 보이지 않는 벽처럼 소외감과 이질감이 느껴진다.

막역했던 선배는 임원이 됐다. 동기들은 별을 향한 치열한 레이스를 뛰고 있다. 똑똑한 후배들도 중간관리자가 되거나 나름의 길을 걷고 있다. 부러우면 지는 거라지만 쿠럽다. 단순히 지금의 위치나 결과보다도, 강제로 멈춰지지 않고 마음껏 달릴 수 있다는 게. 예전 같으면 '질투는 나의 힘'을 모토로 어떻게든 따라잡으려고 아등바등했을 텐데 하루의 절반 이상을 머무는 공간의 힘은 생각보다 컸다.

되돌아온 이곳에서는 그간 돌아오기 위해 한 노력과 새롭게 발견한 가치는 의미를 잃은 것 같았다. 움츠러든 마음을 들키지 않으려고 차곡차곡 쌓아올린 보호막은 무용지물이 됐다. 스스로를 들들 볶아서 목표를 이루려는 욕심도 내려놓은 줄 알았는데 아니었나 보다.

상사는 내가 스트레스를 받을까 봐 걱정했다. 상대적으로 난이도가 높지 않은 업무를 배분해줬다. 진심이기에 감사할 일이고 감사했다. 그런데 마음 한편이 아리다. 예전이라면 좀 더 힘든 업무도 괜찮다고 했을 텐데. 연차도 있는데 더 하지는 못할망정 평균만큼은 해야 한다고 생각하니까. 하지만 머릿속에만 맴돌 뿐 입이 떨어지지 않는다. 설상가상으로 배려받은 업무조차 버거웠다. 한때 일은 좀 한다고 자부했는데 바보가 된 듯했다. 제 몫을 하는 평범한 월급쟁이가 되고 싶었는데, 연륜은커녕 나이만 많은 신입 사원이 된 기분이다. 신입이면 귀엽기라도 하지.

  무용함, 무능함, 무가치함, 무의미함. 한동안 '무'의 수렁에서 헤매다가 한여름 무더위와 함께 현실 자각의 정점이 찾아왔다(참고로 한여름과 한겨울은 암경험자에게 혹독한 시기다. 여기저기 부상병 속출 소식이 들려온다). 그나마도 저질인 체력은 따따블의 속도로 소진되고 마음은 싱숭생숭하다.

  밤새 뒤척여서 피곤함으로 찌든 어느 날 아침, 업무 연락 메일이 왔다. 원래 관리하지 않던 항목에 대한 수년 치 자료를 오후까지 달라는 내용이었다. 도대체 이걸 왜, 그것도 하루 만에? 누가 어떤 목적으로 필요한 거지? 나만의 추격전이 시작됐다. 무수한 포워딩 메일을 매의 눈으로 훑으며 스크롤을 내린다. 끝까지 내려갔는데 허탈하게도 답이 없다. 더군다나 핑퐁을 치느라 일주일의 시간을 까먹었다.

  뭔지 잘 모르면 그냥 했을 텐데 이제 좀 안다고 못내 거슬린다. 유독 일에서는 피곤함을 자초하는 성격이라 당위성을 중요시했다. 그러니 주체, 이유, 목적, 방향, 일정도 모호한 일에 순순히 응하고 싶지 않았다. 여느 조직이나 마찬가지겠지만 부쩍 심해진 관료주의와 '일단 재전송'의 분위기가 당황스럽다. 어쩌면 한참 전부터 이랬는데 잠시 외부인으로 살다 보니 낯설어진건지. 여하튼 리얼, 현실, 찐 직장인의 삶에 풍덩 빠져들었다.

한 번은 휴가로 오래 자리를 비운 동료의 일을 챙겨줬다. 내 앞가림도 못 하면서 웬 오지랖이냐 물으면 나도 도움이 되고 싶었다. 하지만 의도와 다르게 결론적으로 처리가 꼬여버렸다. 그날따라 각종 업무 연락과 자료 요청이 몰려들었다. 메신저, 전화, 메일까지 치열한 삶의 현장이다. 에너지가 방전되고 정신이 너덜너덜해질 무렵 애매하게 꼬인 업무에 대해 상사가 조언했다.

"혹시 자존심 때문이 아니라면, 너무 적극적으로 나서는 것보다 사태를 관망하는 것도 괜찮아요."

굳이 골치 아픈 이슈에 해결사처럼 나서지 않아도 된다는 고급스러운 표현이다. 내가 너무 나선 건가. 예전의 10분의 1도 안 한 건데. 머릿속이 뒤죽박죽 혼란스러웠다가 지금의 상황과 포지션을 깨달았다. 주위에는 내가 암경험자라는 것만으로도 부담 100배다. 더욱이 한때 혈기 왕성의 아이콘인 것도 모자라 연차까지 무겁다. 여성호르몬 완벽 차단의 여파로 갈수록 뻔뻔하고 괄괄한 아줌마이기도 하다(물론 갱년기에도 부드럽고 우아한 분도 많습니다). 게다가 소신이라 주장하는 고집까지 달고 있다.

그제야 메타인지가 가동됐다. 회사는 영리를 추구하는 곳이지 정의 구현하는 곳이 아니다. 그저 서로 생각이 다를 뿐 절대적으로 옳은 것도, 틀린 것도 없다. 힘 빼고 살살 조용히 살 거라더니, 전생에 폭정에 항거하던 조선시대 선비도 아니면서 본능이 참 무섭다. '현실로 레드 썬'을 외쳐야 할 때임을 깨달았다.

어느 날 눈물 흩뿌리며 휴직계를 내고 사라졌지만 부서도 회사도 잘만 굴러갔다. 그래도 늘 회사가 잘되기를 바랐다. 월급도 올라가고 보너스도 나올 거니까. 오래오래 다니고 싶으니까. 다만 말로만 듣던 거대한 기계의 부속품 처지를 몸소 체험했다. 머리로는 알고 있었지만 겪어 보니 섬뜩하다. 더 놀라운 건 그랬음에도 다시 누렁소로 돌아가려는 내 모습이다.

힘들 때는 힘든 것만 보이지만 직장인의 삶은 상대적으로 무난하다. 잘하고 좋아하는 걸 즐기면서 돈도 받으면 금상첨화지만 그런 경우가 얼마나 될까. 즐거우면 돈을 받을 게 아니라 내야지. 사무실 책상 한편에 붙여놓은 문구.

> 언젠간 잘리고, 회사는 망하고, 누구나 죽는다.
>
> -이동수, 《언젠간 잘리고, 회사는 망하고, 누구나 죽는다》 중

회사를 대하는 바른 자세를 다짐한다. 예전처럼 짝사랑으로 애면글면하지 않기. 적당한 거리와 적당한 매너로 적당한 관계를 유지하기. 실체 없는 회사에 매달리지 말고 좋은 사람과 좋은 관계를 맺기. 언젠가 쿨하게 작별할 수 있도록 차근차근 내 것을 만들기. 지식, 기술, 노하우 등을 키우고 쌓아서 오롯이 주인이 될 수 있도록. 물론 월급만큼 일하는 건 기본이다.

직장인으로의 종착점은 결국 회사를 떠나는 것이다. 더 높은 자리까지 가든, 아니든. 조금 일찍 맞닥뜨렸을 뿐 언젠가는 겪게 될 일이었다. 모든 학생이 일등이 될 수 없듯이 모든 직장인이 원하는 것을 다 이룰 수는 없다. 다만 공부가 인생의 전부가 아닌 것처럼 직장에서의 성공이 삶 전체를 대변하지는 않는다. 괜스레 암을 핑계 삼으려던 건 아닐까. 방패 삼아 숨으려던 건 아닐까. 잠시 나에게서 떨어져서 객관적인 시선으로 바라본다.

결국 모든 건 내 선택이다. 비록 암에 걸리는 것은 선택지가 주어지지 않았지만 그 뒤 삶의 모습은 나의 의지와 선택이다. 체력이나 심리적인 제약은 있지만 다시 달리고 싶다면 달릴 수 있다.

천천히 여유 있는 걸음을 택할 수도 있다. 방향을 틀어 가보지 않은 길을 갈 수도 있다. 꽈당 넘어지지 못했다면 생각조차 해보지 못한 다양한 형태의 삶을 발견했다. 일과 관계, 나에 대한 마음가짐까지 암은 새로운 생각과 기회의 문을 열어줬다.

마음가짐이 바뀌니 모든 게 다르게 보인다. 동료들이 우사인 볼트 저리 가라 맹렬히 달려간다. 시야에서 사라지는 그들을 멀리서 바라본다. 쫓아갈 수 없어 서러운 마음이 아니라 넘어지지 않고 무탈하길 바라면서. 나는 나만의 속도로 한 걸음씩 걸어간다. 다만 멈추지는 않는다. 이제는 질투 제로, 순도 100퍼센트로 그들을 응원한다.

누군가에게는 어떤 업무가 생업이고 그만큼 최선을 다한다. 그들의 마음만큼 나도 진심이고 싶다. 내 일의 의미는 업무 비중이나 중요도가 아니라 태도에서 온다고 믿는다. 이제 회사가 아니라 함께하는 이들을 위해 최선을 다한다. 작은 범위에서 맺는 밀도 있는 관계는 또 다른 즐거움이다. 바쁜 윗분들의 관심을 받기 어려운 만큼 요리조리 고민하고 궁리하면서 스스로 꾸려가는 맛이 있다. 월급쟁이로 느껴보기 힘든 매력까지 보너스로 얻었다.

황금기의 청춘을 보낸 이곳에서 아낌없이 에너지와 노력을 쏟았다. 꿈을 펼치고자 자원했던 연고 없는 지방 근무, 출산 전날까지 꽉 채운 출근, 워킹 맘으로 동동거린 전투 같은 일상, 척박한 해외 사업장에서 휴일도 없는 강행군, 독학으로 취득한 직무와 외국어자격증, 해외 법인과 시차로 새벽부터 밤까지 이어진 업무까지.

비록 꿈꾸던 커리어와는 점점 멀어졌지만 매 순간 최선을 다했다. 자신감도 넘치고 성과도 있었다. 그 과정에서 느낀 성장과 성취감은 짜릿했다. 정신없이 달리며 힘든 것도 놓친 것도 있지만, 순수한 열정을 마음껏 펼칠 기회가 있었다는 것만으로도 감사하다. 다시 돌아봐도 후회가 남지 않을 만큼 쏟아부었다. 이제 조금은 가벼운 마음으로 이후의 삶을 살아보려 한다. '추억이 된' 화양연화에 멈추지 않고 앞으로 펼쳐질 '더 반짝일' 화양연화를 꿈꾸며.

암경험까지만 성취 지향형,
메타인지 장착 완료

　언제부터인가 어깨 통증이 심해졌다. 수술한 왼팔이 공주 놀이를 하는 동안 무수리로 맹활약한 오른팔이 시위를 하는 것 같다. 염증과 오십견 소견이다. 오십 살에 걸리는 게 아니라는 건 아는데 왠지 서럽다.

　상태가 좋지 않은지 주사 치료가 필요했다. 해골에 엑스(X)자가 쳐진 그림이 걸린 시술실 안으로 들어가자 수술방의 기억이 떠오른다. 굵고 긴 바늘은 매달 배에 맞는 난소 억제 주사인 졸라덱스, 형광 핑크색 약물은 독하기로 악명 높은 AC 항암제와 매칭된다. 완벽한 조합에 소름이 돋는다.

　진통제, 소염제, 근이완제, 위장장애 약 처방을 받았다. 컨디션이 좋지 않은지 묵직한 근육통이 계속된다. 심한 몸살감기처럼 살갗과 근육 안쪽, 심지어 뼈도 아프다. 이 느낌은 항암 때와 흡사하다. 치료의 기억은 언제나 이렇게 불쑥 찾아온다. 그래도 늘 결론은 범사감사다. 이만하길 다행이지. 치료도 할 수 있고 주말에 쉬는 것도 감사한 일이라고 셀프 긍정 주문을 외운다. 그렇게 심란한 마음을 토닥이는 중이었는데 사건은 늘 예고 없이 일어난다.

해외 주재 중에 한국으로 잠시 출장 온 동토를 만났다. 그는 조금, 아니 많이 특이하지만 나의 드넓은 수용성으로 우리는 나름 원만한 관계였다. 반가움에 인사를 건넨 나에게 그 말을 하기 전까지는.

"이분이 예전에는 진짜 크고 잘나갔는데, 어쩌다가 지금 이렇게 작아져서. 보고 있으면 내 마음이 좀 그래."

격한 감정이 말만으로는 표현이 안 되는지 애처로운 눈빛과 손짓까지 해가며.

응? 뭐라고? 맥락 없이 날아든 멘트에 정신이 어질했다. 무방비 상태로 뒤통수를 후려 맞으면 이런 느낌이려나. 컨디션이 괜찮았다면 '말도 참 예쁘게도 하네. 누가 괴짜 아니랄까 봐' 내지

'나가서 고생을 많이 하더니 정신도 힘든가 보네' 또는 '너나 잘하세요' 라고 똑같이 4차원으로 응수했을 텐데.

가라앉지 않는 통증으로 예민해져서인지 그의 말은 꽤 날카롭고 기분 나쁘게 속을 헤집었다. '도대체 잘나가는 게 뭔데?' '나에 대해 얼마나 안다고 내 인생을 함부로 평가하고 동정하지?' '회사에서 인정받고 잘 나가면 성공한 인생인 건가? 그러면 나는 패배자인가?' '백 살까지 어디 하나 아픈 곳 없이 팔팔할 거라고 생각하나?' '중증으로 치료받고 다시 일을 하는 건 식은 죽 먹기인 줄 아나?' 뜬금없는 그의 멘트만큼 온갖 생각이 뒤죽박죽 엉켜 소용돌이쳤다.

막상 그 자리에서는 화는커녕 당황해서 눈만 끔벅거렸다. 자리에 돌아와 앉았지만 머리는 어느새 이불 킥 모드다. 그날 밤 그래도 분이 삭지 않아 분노를 뿜으며 글을 썼다. 나만큼이나 격분하는 반응을 보니, 그가 선을 넘은 게 맞는 것 같다.

분노의 광풍이 가라앉고 나서 곰곰이 생각했다. 그가 잘못한 건 맞지만 평소 나답지 않게 왜 이렇게 화가 난 걸까? 단순히 그의 말 때문일까? 냉정히 따지고 보면 그가 딱히 어떤 의도나 의미를 담았을 리 없다. 그렇게 깊은 사색을 하거나 교활한 캐릭터는 아니니까. 그냥 나와 친했고 나에게 좀 더 성공적인 커리어를 기대했던 아쉬움을 여느 사람들처럼 예쁘게 표현하지 못한 건지도 모른다.

어쩌면 그의 말은 일종의 트리거였을 뿐 분노의 진짜 이유는 따로 있는지도 모른다. 복직한 후 괜찮다고 애서 외면하고 꾹꾹 눌러왔던 아쉬움과 부끄러움, 답답함이 틈을 놓치지 않고 옳다구나 하고 쏟아져 나온 건지도.

분노로 휘갈겨 쓴 글을 다시 보니 나의 분노도 못지않게 맥락 없고 찌질하다. 폭주 기관차처럼 뿜어낸 못난 생각을 주워 담고 싶지만 글을 지운다고 생각했다는 사실이 사라지지는 않는다. 민망하고 부끄럽지만 더 성숙한 인간으로 거듭나는 계기로 삼으며 반성해본다. 두 번째 삶은 타인이나 외부의 평가가 아니라 내가 행복의 주체가 되자고 다짐했지만 마음은 여전히 자유롭지 못했나 보다.

어느 날 우연히 유튜브 영상을 봤다. 재테크 채널에서 눈에 띈 제목, '자산 600억, 위암 말기 10년 차 자산가'. 주인공은 30대 후반에 위암 말기 진단을 받았다. 그는 이 상태를 지속할 수밖에 없다는 것에 좌절했다. 그에게 주어진 시간은 항암을 하면 1년, 안 하면 반년이었다. 그런데 6개월 후에 아이가 태어날 예정이었다. 그는 아이를 만나기 위해 힘을 냈다. 탄생의 순간뿐만 아니라 성장의 과정도 벅찬 마음으로 지금까지 지켜보고 있다.

사업에 영향을 줄까 봐 완치하기 전까지 암밍아웃을 하지 못했다. 이제 열심히 잘 사는 모습으로 암경험자들에게 희망의 증거가 되고 싶다고 했다. 진단 초기에 그토록 갈망했던 잘 살아가는 누군가가 돼서. 현재 운영 중인 리조트에는 환우들을 위해 맨발로 걸을 수 있는 황톳길도 만들 예정이다. 누구나 부러워할 만큼 많은 자산을 가졌지만 하루하루 바쁘게 산다. 편하게 살아도 되는데 왜 그리 열심히 사느냐는 질문에 그가 대답했다.

"그냥 있으면 뭐해요. 한 달 동안 병원에 누워있는데 답답해 죽을 뻔했어요. 나는 이렇게 사는 게 맞아요. 팔다리가 없는 것도 아니고 조금 불편할 뿐이니 뭐든 할 수 있어요. 불편하다고 생각하면 끝도 없고 아파 보니 돈도 중요해요. 다만 이제는 좀 덜 벌어도 나답게, 삶을 사는 거답게 살려고요. 위암 4기로 10년간 일반인보다 더 열심히 사는 걸 보고 사람들이 힘을 내면 좋겠어요. 단 하루가 주어진다면 전 지금 할 수 있는 걸 열심히 할 거예요."

수백억대 자산가로 암과 함께 살아가는 그도 이렇게 열심히 사는데 나는 도대체 무엇을 망설인 걸까. 복직 후 헤매던 인고의 시간 속에서 스스로를 탐색했다. 그러다가 내가 성취 지향형이라는 중요한 사실을 깨달았다.

암경험자라고 성취 지향적이지 말라는 법도 없는데 왜 아니라고 극구 손사래를 쳤을까. 성취와 욕심은 엄연히 다른데 암에 걸리고도 욕심을 부린다는 말을 들을까 봐 겁이 난 걸까. 예전처럼 돌격 대장으로 물불 안 가리고 달릴까 봐 걱정된 걸까. 누구 말처럼 워킹 맘으로 10년 넘게 직장생활을 하면서 ① 절대 가만히 있지 못하고 뭐라도 해야 하며 ② 그걸 하면서 성취감을 느끼고 ③ 그런 내가 너무 좋아 죽겠는 일명 성취 지향형 트리플 콤보 세트를 장착하고 있으면서.

여전히 무언가를 만들어가는 과정이 즐겁다. 이제 그 영역이 회사라는 공간을 넘어섰다. 양옆을 가린 경주마처럼 오로지 앞만 보며 달리지 않는다. 암 덕분에 나의 세계는 더 넓고, 다양한 영역으로 확장됐다. 소소한 일상에서도 즐거움을 찾을 수 있고 사부작사부작 작지만 새로운 무언가를 하면서 삶의 의미를 깨닫는다. 누가 내 인생을 살아주는 것도 아닌데 내가 즐겁고 뿌듯하면 그걸로 충분하다.

+ 내심 서글퍼서 정면으로 바라보지도 부끄러워서 말하지도 못

하고 깊이 감춰둔 감정을 꺼내어준 그에게 깊은 감사를 표한다. 오히려 그의 입장에서는 되로 주고 말로 받은 격인지도 모른다. 그는 한마디 툭 던졌을 뿐인데 나는 10마디도 넘게 했으니까. 다시 한 번 미안하고 감사하다.

특별한 능력까,
지금도 충분히 잘하고 있어요!

극복

: 악조건이나 고생 따위를 이겨냄. 적을 이기어 굴복시킴.

예시 ▶ 위기를 극복하다. 불황을 극복하다. 가뭄을 극복하다.

암을 맞닥뜨리고 황망함, 허무함, 억울함, 두려움, 분노 등 온갖 감정이 소용돌이쳤다. 어느 순간 마음속 가득 '반드시 극복하겠노라!' 하는 전의가 불타올랐다. 예고 없이 나타난 암 따위에게 열심히 살아온 시간과 노력을 부정당하고 싶지 않았다.

분노와 삶에 대한 의지로 전투력은 급상승했다. 다짐을 기점으로 새로운 사람이 된 것 같았다. 각오를 다지고 습관을 바꿨다. 해로운 음식은 철저하게 끊었다. 병에 관련한 책을 보고 규칙적으로 운동도 했다. 열심히 공부해서 100점 맞기를 기대했건만 잘못된 식이 조절로 몸무게가 한 달 만에 4킬로나 줄었다. 거울 속에는 앙상하고 퀭한 여자가 있었다. 도대체 어떻게 해야 할지 몰라 벽에 부딪혔다.

언제부터인가 '암'과 '극복'의 조합이 편하지 않다. 특히 '암을 극복한'이라는 표현을 들으면 어쩔 줄 모르겠다. "힘드셨을 텐데 암을 잘 극복하셨네요" 또는 "어떻게 암을 극복하셨나요?"같이 일반적으로 쓰이는 말에도 당황한다.

'온갖 시련과 역경을 극복한'이라는 수식어는 당연히 멋지다. 다만 '암'도 극복의 대상인지 의구심이 든다. 극복의 대상은 노력으로 이룰 수 있는 것이어야 하지 않나? 찢어지는 가난을 극복하고 성공한 사업가처럼 말이다. 강철 같은 의지와 불굴의 노력으로 암을 이길 수 있을까? 사람들이 말하는 극복의 대상은 뭘까. 암세포? 치료 과정? 의지와 노력과 무관하게 재발한다면 극복하지 못한 사람이 되는 건가? 생각은 꼬리에 꼬리를 문다.

물론 나도 안다. 응원과 존경의 표현이라는 걸. 암이라는 시련에도 무너지지 않고 잘 이겨내길 바라고, 힘든 터널을 지나온 이에 대한 축하라는 걸. 다만 극복과 극복하지 못함의 프레임에서 후자는 의문의 1패를 기록하는 듯하다. 보통 때는 수더분하면서 (가리는 것 하나 없이 죄다 먹거나 입는다) 왜 유독 암 이야기에는 예민하고 까다롭느냐고 핀잔할지도 모른다. 그래도 누군가 이 말에 상처받을지도 모를까 봐 마음이 불편하다. 언젠가 머지않은 미래에 암이 의학적으로 극복되기를 간절히 바라지만, 아직은 여전히 미지의 영역이다.

올림픽에서 금메달을 딴 선수뿐만 아니라 나라를 대표해서 출전한 선수도, 대표로 선발되지 못했지만 꿈을 향해 노력한 수많은 이도 모두 영웅이라고 하면 어떨까. 꿈을 향한 땀과 노력, 굳은 의지 그 자체만으로도 의미가 있으니까.

암경험자도 그렇게 바라보면 좋겠다. 암이라는 시련에도 삶을 향한 의지를 다지며 힘든 시간을 견디니까. 다시 일상으로 돌아가려는 노력만으로도 잘하고 있다고 응원해주면 힘을 얻지 않을까. 삶이 힘든 이유는 차고 넘치지만, 그럼에도 일상에 감사하며 소중히 살아가는 모든 이에게 이미 충분히 잘하고 있다고 말이다.

무엇보다 이 시간 속에서 암경험자는 인구의 5퍼센트, 즉 20

명 중 한 명만 가질 수 있는 특별한 능력을 가지게 된다. 암을 경험하지 않은 이들(이하 비(非)암경험자. 간결하고 적당한 단어를 찾을 수 없다. 일반인이라고 어물쩍 넘기려 보니 암경험자는 일반적이지 않은 건가? 선을 그으려는 건 아니지만 가끔 구분이 필요한 상황이 있어 암경험 여부로 나눴다)에게는 어려운 영역이 있다. 바로 암환자와 보호자를 향한 응원과 위로다.

힘들고 어려울수록 위로는 쉽지 않다. 특히 아플 때는 평소 성격이나 의지와 무관하게 대체로 예민해진다. 진심에서 우러난 말과 순수한 마음이 잔뜩 솟은 가시를 뚫고 의도대로 전달되면 다행이지만 아닐 수도 있다.

"요즘은 치료법이 많으니 괜찮을 거야."

조심스럽게 고른 최상의 위로일 텐데 뾰족해진 마음은 삐딱선을 탄다.

'그러면 죽을 사람 하나 없게?'

속으로는 무시무시한 독설로 응수한다. 그런데 놀랍게도 다른 암경험자가 똑같이 말해주면 해피 엔딩으로 다가와 안심이 된다. 일이든 친목이든 많은 관계를 맺지만 병에 있어서는 먼저 경험한 이의 이야기가 가장 강력하다.

아는 만큼 보이고 눈에 띄는 걸까. 안타깝게도 유난히 지인들의 발병 소식이 많았다. 전형적인 커리어 우먼인 자신감 넘치는 선배가 유방암 진단을 받았다. 같은 암종에 사는 곳도 가깝다. 치료 과정, 병원 선택, 주의 사항, 식이 관리, 사내 복지제도, 보험 등 이야기를 거침없이 나눴다. 환우의 대화인지 동네 친구와의 수다인지 모를 만큼.

선배는 치료를 마치고 얼마 전에 복직했다. 아파 보니 좋아하고 행복한 것을 찾았다며 눈이 반짝인다. '유명 남자 배우의 해외 팬 콘서트 전체 일정 동행'이라는 열정을 발산한다. 콘서트에서 찍은 사진 속 그녀는 세상을 다 가진 듯 행복해 보인다. 이제는 오히려 나에게 진짜 좋아하는 일을 찾으라는 조언도 건넨다. '우리는 뭐가 중요한지 알잖아?'라고 말하면서.

한 집 건너 암환자가 있는 시대다. 어쩌다 보니 나 또한 암경험자인 동시에 유방암에 걸렸던 시어머님의 보호자이기도 하다. 암경험자의 가족이나 친구, 지인과 이야기를 나눌 기회도 많다.

친한 후배 어머님의 암 진단 소식이 들려왔다. 딸 같은 아들이던 후배는 황망한 표정으로 나를 찾았다. 암종은 다르지만 항암 치료 시 부작용과 주의 사항, 보험 등을 알려줬다. 그는 연로한 부모님을 살뜰히 살피지 못하고 더 일찍 발견하지 못한 것에 죄스러워했다. 아무것도 할 수 없는 상황에 대해 무력해하기도 했다. 맞벌이하느라 힘든 부인이 안쓰럽고 갓 태어난 아기와도 함께하지 못해 미안해했다. 회사, 집, 병원을 오가며 동분서주하지만 점점 상황이 힘들어져 몸도 마음도 무너지고 있었다.

암은 당사자뿐만 아니라 보호자에게도 영향을 미친다. 심리적인 부분 외에도 간병과 돌봄으로 일상의 많은 부분이 달라진다. 치료를 받고 다시 일어서는 건 환자의 몫이다. 하지만 그 과정에서 보호자도 환자가 덜 힘들도록 살피고 응원하며 최선을 다한다. 자그마한 충격에도 스러질 것 같던 그에게 이야기했다.

"암은 누가 잘못해서가 아니라, 교통사고처럼 찾아오는 거잖아. 일찍 발견했으면 좋았겠지만 지나간 일을 후회하기보다는 어머님이 잘 치료받으실 수 있도록 보살피면서 가족들과 함께 이 시간을 이겨내면 어떨까?"

다행히 그는 차츰 안정을 찾았다. 지금 할 수 있는 것에 집중하며 치료 과정을 알아갔다. 가족들과 병원 케어를 분담하고, 주말이면 부모님을 찾아뵀다. 아내와는 솔직한 대화로 서로 힘든 부분을 이해하려고 했다. 이런 노력 덕분일까. 후배의 어머님은 소원하시던 예쁜 손녀의 돌잔치까지 함께하셨다.

초반에는 누군가와 아픈 이야기를 나누는 일이 조금 힘들었다. 진단 당시의 두려움과 힘든 기억이 떠올라 마음이 아팠다. 어딘가에 깊은 흔적으로 남아있겠지만 이제 건드려도 예전만큼 아프지는 않다. 진물이 나고, 굳고, 다시 아파한 녹록지 않았던 시간은 내면을 성숙하고 단단하게 해줬다. 이제는 아문 상처 위에서 따뜻한 마음을 담아 위로를 건넬 수 있다. 누군가에게 더 진실하게 다가설 수 있는 특별한 능력이다.

 얼마 전 입사 동기에게 연락이 왔다. 메신저 한 줄에서 오는 느낌이 싸하다. 역시나 초음파 검사 중 모양이 좋지 않아 조직검사를 했단다. 이런저런 걱정 끝에 망설이다가 나에게 연락을 했단다. 차마 전화도 못 한 그녀의 무거움과 긴장감이 텍스트로 전해진다. 일단 기다리자고 다독였다. 혹시나 맞더라도 치료하면 된다고 위로했다. 당황해서 주절주절하는 이야기가 귀에 들어올 리 없다 싶다. 나도 그랬으니까. 딱 한 마디에 마음을 담았다.
 "날 봐! 나도 이렇게 다시 잘 살고 있잖아."
 '가시나~ 고맙다!'라며 울먹인다. 다행히 검사 결과는 양성이었고 깜짝 해프닝으로 마무리됐다. 말 못 할 두려움과 혼란 속에서 나를 떠올려줘 고맙다. 어렵게 손을 내민 누군가에게 나의 경험으로 위로를 건넬 수 있어 감사하다. 그저 시키는 대로 치료

받고, 살려고 애쓴 것뿐인데. 다시 살게 된 것에 보태 특별한 능력까지 선물로 받으니 과분하다.

  삶의 힘든 순간에는 앞이 보이지 않는다. 숨을 쉴 수 없을 만큼 버겁기도 하다. 하지만 그 경험은 내 안에 차곡차곡 쌓여간다. 참고 견딘 시간만큼 좀 더 단단하고 자비로워진다. 쉽게 모습을 드러내지 않던 삶의 보석 같은 순간들이 눈앞에 펼쳐지는 신비로운 경험. 그 주인공이 바로 당신이기를.

> "우리의 삶은 우리가 각본을 쓰고 연출하고,
> 주연으로 출연하는 이야기입니다.
> 어떤 챕터는 행복하고
> 어떤 챕터는 교훈을 얻지만
> 우리는 항상 우리 자신의 모험의 영웅이 될 수 있는
> 힘을 가지고 있습니다."
>
> -조엘 스페란자(미국의 소설가)

니 거는 내 거, 내 거도 내 거, 오케이?

치료도 후유증도 가물가물할 만큼 시간이 흘렀다. 일상에 푹 스며들다 못해 허우적거리기도 한다. 다만 한 가지 암이 남긴 선명한 흔적이 있으니 바로 돈. 정확히는 자산의 명의다.

남편은 속세에 초연하고 재물에 욕심이 없었다. 돈 관리는커녕 공과금도 내본 적이 없다. 입원 중에 돈을 이체해 달랬더니 "어떻게 휴대폰으로 돈을 보내? 컴퓨터로 해야지!"란다. 그것도 모르냐는 듯 의기양양하게 쳐다보는 그의 표정에 할 말을 잃었다. 시대의 순수남이자 도심 속의 자연인인가.

죽음에 대한 공포는 막을 수 없었다. 특히 검사 결과가 나올 때까지 피가 마르는 듯했다. 병도 두려웠지만 토깽이 같은(이라고 썼지만 실은 나보다 덩치가 큰) 아이들이 마음에 걸렸다. 마냥 신난 아이들을 보면 주르륵 눈물이 났다. 나 없이 저 어린 것들을 어찌할지. 남편이 돈을 불리는 능력을 키우는 것은 차치하고 있는 거라도 잘 추슬러야 할 텐데.

돈이 어디 있는지 몰라서 못 쓰는 불상사는 막아야 할 것 같은 조급함이 마음을 채운다. 내가 없으면 다 무슨 소용인가 싶지만 만일 다시 그 상황을 마주해도(물론 그럴 일이 없기를 바라지만) 같은 마음일 것 같다. 엄마 마음이란 그런가 보다.

'신속히'라고 표현하는 오두방정을 떨며 후다닥 정리했다. 그간 내 명의였던(얼마 안 된다는 게 슬프지만) 부동산, 예금, 현금 등을 남편 명의로 변경했다. 설마 암인데 이제 든든하게 돌보고 부양도 해줄 거라는 기대도 담았다. 내심 꽤 멀리 내다본 '빅 픽처'라며 회심의 미소를 짓기도 했다.

절박했던 시간은 순식간에 지나갔다. 어느덧 치료를 마치고 복직도 했다. 어랏, 순간 억울하다. 그의 것이 돼버린 나의 것이 떠올라서. 어차피 공동 소유인데 왠지 기분이 그렇다. 내 이름표를 달고 있어야 내 것인 것 같은 느낌적인 느낌이다. 미스코리아 출신 방송인인 모 남배우의 배우자도 말하지 않던가.

"니 거는 내 거, 내 거는 내 거."

나도 그랬는데 내 거는 이제 어디에 있지? 평균 수명 100세를 바라보는 시대에 과거 행적을 싹 되돌리고 싶다. 냉큼 가져오려고 보니 간단하지가 않다. 부동산은 계약기간과 명의 문제가 있다. 금융 자산은 아는 게 병이라고 어디서 주워들은 '세무조사 어쩌구'가 신경 쓰인다.

이재에 밝지 못한 그를 핀잔하지만 실은 나도 크게 다르지 않다. 그저 아끼고 모았을 뿐 남들 다하는 재테크에는 관심을 두지 않았다. 코로나19 팬데믹 이후 '벼락 거지'라는 신조어가 난무하는 대혼란으로 실제 가치는 더더욱 작아졌다. 그래도 한 푼 두 푼 모아서 더 소중한 내 돈!

한편으로는 아프고 힘들 때 나를 살뜰히 챙겨줬으면 이렇게 억울할 리 없다고 그를 타박한다. 영원한 욕받이이자 샌드백으로 부리는 것 같지만 실은 못마땅해도 서로 묵언수행을 한다. 그냥 마음이 그렇다는 거다.

한 번 마음이 동하니 뭐에 씐 것 같다. 혹시 이상한 짓을 하는 건 아닌지 엉뚱한 상상도 한다. 중년 남자들의 일탈은 많고도 많지 않은가. 일확천금을 노리고 작전주에 휘말리는 모습과 파이어족을 만들어낸 가상화폐에 투자하는 모습이 떠오른다. 월급쟁이 노예는 그만하고 나도 이제 사업을 해보겠다고 일명 '사장 바람'이 들지는 않을까 하는.

합리적인 상상인가 하고 곰곰이 생각해본다. 비록 재물과는 딱히 연이 없지만 그는 착하고 나를 전적으로 믿는다. 아직 결혼도 안 한 여자 친구 신분의 나에게 공인인증서와 보안카드를 흔쾌히 내어줬다. 만일 다른 마음을 먹고 빼돌렸어도 한참 뒤에 알았거나 알더라도 딱히 응징하지 않았을 것 같다.

결혼 후에도 금전에 관한 그의 행동은 초지일관했다. '널 믿고 맡긴다'라는 그의 태도는 속내를 모르면 감동 그 자체다. 그는 이과 출신으로, 공대를 나왔지만 숫자를 싫어한다. 가끔 나를 의심할까 싶어 가계부를 보여주면 즉시 내뺀다. 가뜩이나 에너지 수위가 낮아 피곤한데 굳이 그것까지 신경 쓰고 싶지 않다는 강한 의지의 산물이다. 좌우지간 걱정하는 그의 딴짓은 실현 가능성이 높지 않다. 그냥 머릿속에서 북 치고 장구 치고 우주한 바퀴를 돌고 다시 제자리로 안착한다.

이놈의 암 때문에 귀찮고 억울하지만 덕분에 그가 모바일 뱅킹에 입문하게 됐다. 얼마 전에는 도대체 토스뱅크(Toss Bank)는 지점이 어디에 있냐고 물을 정도로 발전했다. 아마 극한 상황이 아니었다면 평생 배우려고 하거나 필요성을 느끼지 않았을 게 분명하다.

물욕이 없던 그도 막상 본인 명의의 자산이 생기니 내심 든든해한다. 그간 나의 일로만 여겼던 현실의 많은 것 중에서 특히 돈에 대해 관심을 보인다. 평생 혼자 지고 갈 뻔한 짐을 암 덕분에 덜게 됐다.

사실 다 넘겨 억울하다고 외쳤지만 다 주진 않았다(쉿. 더 이상은 노코멘트). 둘 다 딴짓을 할 것도 아니고 일병 장수 100세까지는 살 테니까(말하는 대로 이뤄지리라). 딱히 누구에게 있든 크게 중요하지 않다. 살면서 무슨 일이 생길지 모른다는 걸 찐하게 배웠으면서도 여전히 일희일비 안달복달한다. 천성 불변의 법칙인가. 좀 내려놓고 편히 살자고 스스로 다독인다.

나처럼 눈에 뭐가 씐 듯 한순간의 실수(?)를 후회하는 이들에게 심심한 위로와 응원을 전한다. 모든 건 순리대로 될 거라고. 지나간 과거에 마음 쓰기보다는 미래의 빅 픽처를 그려보자고. 그런 의미에서 천천히 하나씩 다시 가져오기로 결의를 다진다.

신에게는
무알코올 맥주가 있습니다

 암 경험 후에는 금기 사항이 생긴다. 100퍼센트 명확한 두 가지는 바로 술과 담배다. 담배는 특성상 흡연자와 비흡연자로 구분되지만 술이 좀 애매하다. 애주가는 아니더라도 가끔 한 잔 정도는 즐길 수도 있으니까.

 암 위험인자가 1도 없는데 걸려 억울하다고 목청 높였지만 내심 찔리는 건 술이었다. 법적으로 허용된 나이부터 즐거운 음주생활을 시작했다. 술은 인간관계의 윤활제라는 논리를 펴기도 했다. 살짝 취기가 도는 알싸한 흥겨움이 좋았다. 아름다운 말로 포장하지만 기억 저편 부끄러운 취객의 만행이 떠오른다.

끝맛이 유독 단 얼음처럼 차가운 소주, 탁 털어 넣는 순간 식도를 타고 불타오르는 강한 향의 백주, 나이가 들수록 맛을 알아가던 양주. 각양각색의 매력에도 최애는 소즈였다. 서민의 술이라 착한 가격과 알싸한 맛에 각일병(각자 한 병) 절도를 지키는 단호함까지 매력 만점이다.

두 번의 출산과 모유 수유로 주량은 하향 곡선을 그렸다. 빈도와 깊이는 줄었지만 종종 즐기는 술자리는 꽤 즐거웠다. 물론 다음 날의 주취는 흥겨움에 비례하는 세트였다. 하지만 운명적인 그날 이후 단호한 금주가 시작됐다.

진단이 늦어졌다면 그만큼 더 마셨을 거라는 합리적 추론도 해본다. 그래도 이제 안녕. 살고 죽는 일 앞에 술 따위가 중요할 리 없다. 당연히 그래야 하는 거고 그보다 더한 일도 할 수 있다. 하지만 사람의, 아니 나의 마음은 매우 간사하다. 살기 위해 무엇이든 하겠다던 결의는 시간이 갈수록 슬그머니 흐릿해진다.

굳이 변명하자면 조선시대 사람들도 금주령이 내렸을 때 밀주를 담갔다. 그리스신화에서도 술은 강력하게 인간을 유혹하지 않는가. 꽐라가 돼 깊은 참회와 반성 후 각오를 다지다가도 며칠 지나면 스멀스멀 생각이 난다. 얼마 전 후배가 필름이 끊겨 노숙(?)을 하다가 파출소를 거쳐 가족에게 인계된 놀라운 사건이 발생했다. 하늘 같은 부인의 금주령이 내려졌지만 짧은 숙려 기간 후 언제 그랬냐는 듯 밤마다 흥겹게 달리고 있다.

　몇 년이 지났지만 선명한 기억이 있다. 뽀얗게 거품이 차오른 맥주와 갓 튀겨내어 바삭한 치킨. 한여름 밤 호수 공원에서 사람들이 치맥과 함께 평범한 일상을 즐긴다. 나는 두건 속에 흐르는 땀을 닦으며 그 풍경을 물끄러미 바라본다. 짧았지만 덥고 습한 공기와 착잡한 마음이 사진의 한 장면처럼 남았다.

　서러움과 억울함이 슬슬 고개를 든다. 할 수 있는데 안 하는 것과 할 수 없어서 못 하는 것의 차이였다. 술 없이 못 살던 주당도 아니었고 매일 마시지도 않았는데 왜 이리 애걸복걸하는지. 실컷 딴짓만 하다가 막상 정전이 되니 공부를 못 해서 큰일이라고 떼쓰는 아이 같다.

　셀프 금주령은 여전히 유효하다. 다만 이제 술을 대하는 마음에 여유가 생겼다. 쪼그라든 마음이 쭉 펴져서일까. 회식 다음 날 괴로운 얼굴로 해장라면을 찾는 동료의 어깨를 두드리며 숙취 해소 음료를 건넨다. 음주를 하지 않아 머리와 속이 아플 일도 없으니 시간을 더 알차고 보람 있게 쓴다.

　그러던 어느 날 신대륙 발견에 비견하는 신세계가 열렸다. 바로 무알코올 맥주. 처음에는 등장만으로도 놀라웠는데 이제는 제품마다 향도 맛도 브랜드도 다르다. 아직 베스킨라빈스에는 못 미치지만 골라 먹는 재미와 품격을 누린다.

'알코올 0퍼센트라고 적혀 있어도 완전 무알코올은 아니라고? 아주 쪼끔인데 눈 감아 주시면 안 될까?'

스스로에게 면죄부를 주며 다시 치맥의 기쁨을 누린다. 특별한 날(실상 내 마음이 정하는 날)이면 시원하게 입에 머금고 그 맛을 음미한다. 술인 듯 술 아닌 술 같은 너. 감사하게도 인류는 지혜롭고 문명은 진보한다. 조금만 더 기다리면 무알코올 소주, 백주, 막걸리가 나올지도 모른다. 이른바 무알코올 시장의 대중화. 암경험자에 대해서도 점차 익숙해져서 자연스럽게 어우러지는 사회가 되지 않을까 하고 긍정 회로를 돌려본다.

회식이나 모임 자리에서 술 때문에 괜히 쭈뼛거린 수많은 암경험자 여러분! 이순신 장군께 12척의 배가 남았던 것처럼 우리에게는 무알코올 맥주가 있습니다. 함께 흥을 즐기면서도 멀쩡한 정신으로 알딸딸해지는 이들을 바라볼 수 있는 마법의 치트키예요! 이제 당당하게 가슴 쫙 펴고 마음 편히 즐겨봐요. 물론 탄산수도 있지만 좀 더 스며들어 즐기고 싶다면 미리 챙기는 센스를 발휘해보세요.

더불어 암경험자에게 술을 강권하는 악의 무리여. 부디 조속히 그 죄를 뉘우치고 회개하기를 바란다. 설마 진짜일까 싶지만 안타깝게도 친한 지인의 경험담이다. 드라마에서나 나올 법하지만, 직속 상사가 큰 글라스 잔에 독한 술을 가득 담아 건넸단다. 병가 후 복직한 지 얼마 되지도 않았는데 힘없는 월급쟁이에 순둥이인 그는 눈물을 머금고 술을 받아 마셨다고 했다.
 이 일을 어찌할꼬. 내 몸이 아프면 누가 책임을 진다고. 비록 밥벌이의 고단함은 어쩔 수 없지만 나를 아끼고 보호하는 최소한의 노력은 필요하지 않을까. 해보고 안 되면 다른 길을 찾는 것도 방법이다. 덕분에 술의 힘을 빌리지 않고도 흥을 만끽하는 궁극의 경지에 이른 건지도 모른다.
 한때 술 앞에서 의기소침했던 나는 이제 당당해졌다. 못 마시는 게 아니라 '안' 마시는 거니까! 내 삶에서 이 정도도 선택하지 못할 이유는 없다. 누군가는 진짜 술로 취하지만 나는 나만의 방식으로 인생에 흠뻑 취해서 즐길 뿐이다.

 + 그리운 술아, 이제 가까이하기엔 너무 먼 존재가 됐지만 피 끓는 황금기의 희로애락을 함께해 줘서 고마워. 이제 너와 함께할 수는 없지만 널 닮은 또 다른 너와 잘 지내볼게, 안녕!

세상에서 가장 무서운 것?
종이컵 포비아 극복기

　우연히 아이돌 그룹 BTS의 멤버 정국의 미국 토크쇼 〈더 투나잇〉 출연 영상을 시청했다. 진행자가 세상에서 가장 무서운 게 뭐냐고 물었다. 한참 고민하더니 왠지 주저한다. 조심스레 입을 연 그의 대답은 '전자레인지'였다. 멋쩍은지 그도 웃고 객석에서는 폭소가 터졌다. 나름 그만의 이유가 있었다. 소리를 내며 뱅글뱅글 돌다가 갑자기 펑 하고 터져버릴 것만 같다고. 어릴 때도 그랬고 지금도 여전히 가장 무섭단다.
　같이 깔깔거리며 웃다가 갑자기 멈췄다. '너도 딱히 다르지 않은데?'라며 내 안의 또 다른 내가 출현한다. 동시에 머릿속에 무시무시한 존재가 떠오른다. 눈앞에 보인 순간부터 지켜보는 내

내 서서히 긴장감이 차오른다. 동시에 걱정과 불안에 이어 불길한 시나리오가 펼쳐지는 주인공은 바로 '종이컵'이다. 뜬금없음의 레벨은 전자레인지와 막상막하임이 틀림없다. 나름의 이유가 있다. 물론 지금 생각하면 실소가 나지만 당시에는 지극히 옳았던 종이컵 포비아의 사연은 이렇다.

암환자가 되고 자연스레 '발암물질'이란 단어에 예민해졌다(물질 그 자체가 아니라 굳이 단어라고 표현한 건 그냥 마음만 그랬고, 실질적인 변화나 노력은 그에 상응하지 못했다는 뜻이다). 평범한 일상 구석구석, 도처에 그렇게나 많은 줄 미처 몰랐다. 무심히 지나쳤던 것이 눈에 띄고 거슬렸다. 담배, 술이야 그렇다 치고 가공육(햄, 소시지 등), 미세먼지, 세제, 방향제, 살충제, 식품첨가물, 화장품까지. 이 정도면 발암물질 없는 일상생활이 가능할까 싶다. 혼자서는 조심하며 피한다고 쳐도 집 안에서만 살거나 전부 자급자족할 수는 없으니까.

모르는 게 약이라더니 무지할 땐 괜찮다가 알아차리니 겁났다. 다행히도 이럴 때는 평범함이 빛을 발한다. 망각의 동물임을 증명하며 시간이 지날수록 무뎌졌다. 굳이 따지면 비암경험자의 평균보다 살짝 민감한 수준이랄까(평균이라 표현한 이유는 암을 경험하지 않아도 놀라울 정도로 건강한 라이프스타일을 추구하는 분들도 있기 때문이다). 실상 조심하다가 이제 다시 적당히 살고 있다는 뜻이기도 하다.

  그랬는데 복직으로 다시 두려움과 맞닥뜨렸다. 많고 많은 안 좋은 음식으로는 직화 구이류, 좋지 않은 생활 습관 중에서는 종이컵이 당첨됐다. 이전에는 소신껏 메뉴를 고르거나 상황에 따라 대체할 다른 수단을 사용하면 됐다. 이제는 마음대로 조절할 수 없는 것이 늘었다. 달라진 환경에 적응하기 위한 긴장과 걱정이 엉뚱하게 종이컵으로 불똥이 튄 걸까. 아니면 저 두 가지만 잘 지켜도 스스로 케어하고 있다는 자기 위안이나 만족감을 얻고 싶었던 걸까.

  막연한 공포는 아니고 위험한 건 맞다. 종이컵은 뜨거운 물과 만나면 표면의 방수 처리를 위한 코팅이 녹아 발암물질이 나온다. 이런 이유로 가능하면 텀블러나 유리컵이 권장된다. 사무실에서는 꽤 오랜 세월을 함께한 단단한 유리컵을 사용한다.

  회식은 그리 자주 하지 않으니 직화 음식은 적당히 패스했다(맛있게 먹었다는 뜻이다). 그런데 종이컵은 달랐다. 사무실에는 든든한 유리컵이 있지만 문제는 외부 미팅이었다. 도심의 직장인으로 같은 건물에서 미팅을 하면 개념 있는 차도녀처럼 텀블

러를 들고 갈 텐데, 우리 회사는 공기 좋은 시골에 있고 미팅 장소는 한참을 걸어야 한다. 심지어 보안 검색대도 통과해야 한다. 업무 수첩에 휴대폰, 텀블러까지 들고 가는 여정은 상상만으로도 버겁다. 마치 직화 구이 회식에 프라이팬을 들고 가는 느낌이랄까.

　매일도 아니고 어쩌다 한 번이라 적당히 넘겨도 되는데 그때는 그게 참 어려웠다. 아직도 첫 미팅의 긴장감이 생생하다. 앞서 이야기한 암밍아웃 고민도 버거운데 음료 주문까지 난관의 연속이었다. 이제는 찬물도 벌컥벌컥 잘 마시지만 찬물도 겁내던 때였다. 안테나를 바짝 세운다. 진중한 내적 고민이 시작됐다. 찬 거는 차서 안 좋고 종이컵은 그냥 안 좋고 진퇴양난이다. 손이 시려서 일단 따뜻한 음료로 골랐다.

　나름 신중한 결정에 뿌듯했다. 종이컵에 담긴 커피에서 김이 모락모락 나는 걸 보기 전까지는. 마치 영화에서 비밀의 문을 열면 다른 차원의 세계가 나타나는 것처럼 갑자기 머릿속에 영상이 펼쳐진다. 창의력 제로라고 생각했는데 이렇게 상상력이 좋았다니. 카메라 줌인! 종이컵 안의 커피가 수천 배로 확대된다. 뜨거운 커피로 안쪽 면의 코팅제가 서서히 녹아내린다. 이제 이

음매 사이로도 스며든다. 코팅제 속의 무수한 유해 물질과 접착제에 사용된 또 다른 물질들이 소록소록 녹아 나온다. 유해한 것과 유해한 것의 만남이 펼쳐진다.

  떠다니는 작은 알갱이 하나, 둘, 셋. 어느새 무수한 알갱이가 커피 속으로 자연스럽게 녹아든다. 천천히 향을 음미한 뒤 입술을 컵에 대고 홀짝이는 순간 와르르 입속으로 유해한 것들이 쏟아진다. 입을 거쳐 식도를 지나 몸 구석구석에 차곡차곡 쌓인다.

  '지금 뭐 하니? 일하는 중이잖아!'라고 중얼거려 보지만 머릿속에 한창 영상이 재생 중인데 집중이 될 리 없다. 눈앞에 놓인 무서운 종이컵이 날 노려본다. 그렇게 무서우면 안 마시면 될 걸 별것도 아닌 상황에서 소외감이 툭 튀어나온다. 종이컵의 망령에 사로잡힌 나만 빼고 어쩌면 그렇게들 홀짝홀짝 맛있게 들이키는지. 이제 편하게 커피 한 잔 못하는 신세인 건가.

  종이컵을 노려보며 날을 세운다. 다시 한 모금만 마실지 고민한다. 주위를 보며 자괴감에 빠진다. 그렇게 속절없이 시간이 흘렀다. 업무가 익숙지 않아 초집중해도 모자랄 판에 도대체 뭘 한 건지. 다시 생각해도 어이없고 웃프다.

  지금도 가끔 종이컵을 보면 무의식적으로 공포의 파노라마가 펼쳐지려 하지만 이제는 '응, 아니야' 하며 스스로 조절할 수 있다. 한참 후에야 그 커피숍에서는 유리병 음료도 판매하는 걸 알고 웃음이 났다. 요즘 미세플라스틱이 화두인데 뜨거운 음료를 담은 종이컵이나 찬 음료를 담은 플라스틱 컵이나 도긴개긴 같다. 현대 사회에서 건강하게 살기란 쉽지 않다. 그래도 일단 텀블러와 유리컵이 내 몸에도, 환경에도 좋다.

주위 사람들이 영양제나 운동 이야기를 할 때면 괜히 암경험자 타이틀 리마인드 같아 나서지 않는 편이다. 하지만 불어 터진 일회용 컵을 하루 종일 쓰는 동료에게는 오지랖을 펼친다. 둥둥 녹아 나오는 그건 누구에게나 안 좋으니까. 같이 건강합시다!

제 건강은 지금도, 앞으로도 괜찮을 거예요

"이제 건강은 괜찮아요?"

오랜만에 만난 이들이 항상 조심스럽게 묻는다. 나의 병력과 연결되는 자연스러운 질문이다. 다만 대답을 해야 하는 나는 고민에 빠진다. 뭐라고 이야기해야 할까?

겉보기에는 크게 다르지 않다. 이제 몸에 암순이는 없다고 믿는다. 그렇다고 아직 5년차에 주어지는 완치 판정을 받은 건 아니다. 바람과 의지를 담아 건강하다고 하면 되려나? 뭔가 석연치 않다. 그렇다고 건강하지 않다고 하기도 싫은데. 도대체 '건강하다'의 기준은 무엇인가. 단어 하나에 너무 까칠하거나 유난스럽다고 할지도 모른다. 뾰족하고 날카롭게 날을 세우는 게 아니라 들으면 마음이 그렇다는 거다. 적절한 정답을 찾아 헤매지만 딱히 마땅한 답지가 보이지 않는다.

당뇨나 고혈압 같은 만성질환도 꾸준히 관리하면 일상적인 삶을 유지할 수 있다. 반면 딱히 이렇다 할 병은 없는데 기력이 약하거나 선천적으로 체력이 부족한 경우도 있다.

암 진단 직전까지 나는 내가 봐도 남이 봐도 참 건강했다. 건강검진상 신체 나이는 무려 다섯 살이나 젊었다. 적정 체중이었고 에너지는 하이퍼였다. 오만하게도 '건강 부심'으로 가득 찼었다. "훗, 난 너무 건강해!"라고 하면서. 심지어 주위에 훈수도 뒀다. 제발 운동도 하고 몸 좀 챙기라고. 그랬기에 나의 소식은 주변 사람들에게 꽤 충격을 줬다. '니가 아프다고?'라고 묻는 주변의 반응에 병 앞에 장사 없다는, 단순하지만 거스를 수 없는 진실을 몸소 전파했다.

쪼끄마한 가슴 한 귀퉁이의 암순이 때문에 건강하지 못한 사람이 됐다. 아마 1~2년 전부터 자리를 잡고 야금야금 자랐을 것이다. 원래부터 거기에 있었지만 존재를 인식한 전후로 건강함과 건강하지 못함이 나뉘었다. 일반적으로 우리 몸에는 매일 많은 암세포가 생기지만 인식할 만큼 커지기 전에 사라진다. 김춘 수 시인의 시 〈꽃〉의 "내가 그의 이름을 불러주었을 때 그는 나에게로 와서 꽃이 되었다"라는 대목처럼 '내가 조직검사로 너의 존재를 인식했을 때 너는 나에게로 와서 암이 되었다'쯤 되려나. 꽃이면 참 좋았을 텐데.

 오만한 건강 부심은 기습 공격으로 타격을 받았다. 뒤통수를 세게 맞은 뒤 건강의 의미에 대해 다시 생각하게 됐다. 주변 지인 대부분은 건강검진을 무사 패스하지 못한다. 이유 없이 피곤하고 지치고 여기저기 잔병이 속출한다. 서서히 노화가 시작된다. 종족 번식이라는 위대한 인류적 사명을 마칠 즈음 누구에게나 찾아오는 자연스러운 신체적 변화라고 이야기하면 조금 위안이 되려나? 나이 듦과 노화를 거부감 없이 받아들이는 것이 건강을 바라보는 시작점인 것 같다.

 몸소 경험하기 전 나의 암환자와 암경험자에 대한 이해도는 높지 않았다. 핏기 없이 까만 얼굴, 메마른 몸 하얀 병실과 베드, 주렁주렁 달린 링거줄. 누군가의 도움 없이는 일은 고사하고 외출도 어려울 거라고 막연하게 생각했다. 일상은 사라지고 환자로서의 삶만 존재할 거라는 두려움이 있었다. 치료 이후에도 왠지 도시를 떠나 공기 좋고 물 좋은 곳에서 살아야 할 것 같았다. 실제로 견딜 수 없이 힘들고 아픈 순간도 있다. 하지만 많은 이가 치료를 받는 중이나 이후에도 남들과 조금 다르지만 또 비슷하게 살아간다.

  젊은 암경험자도 연애, 학업, 취업, 결혼, 출산, 가족 부양 등 다양한 역할을 하게 된다. 암에 걸렸다고 모든 걸 멈출 수는 없다. 치료와 일을 병행하며 씩씩한 투병을 하거나 치료 후 다시 본래의 역할로 돌아가기도 한다. 4기 유방암 브이로그를 찍어 올리며 많은 이에게 희망을 주는 유튜버도 있고, 말기 암 진단 10년 후 건강관리 노하우를 알려주는 책을 쓴 작가도 있다. 한 다리만 건너도 암경험자가 있는 시대에 많은 이와 함께 살아가고 있다.

  의학이 발달하면서 병기가 높아도 장기간 무탈히 생존하는 경우가 늘고 있다. 암과 함께 조금은 특별하지만 소중한 일상을 이어간다. 이들의 삶이 건강하지 않다고 누가 말할 수 있을까. 많이 아팠지만 그래서 더 건강하다는 말이 역설적일까.

  얼마 전 지인이 뇌수막종 진단을 받았다. 어떤 전조증상도 없이 자다가 갑자기 발작이 왔다. 응급실에 실려 갔고 급히 수술을 했다. 식사도 운동도 크게 신경 쓰지 않던 40대 남자는 그날을 기점으로 바로 술과 담배를 끊었다. 다행히 추가 치료 없이 회복하고 수영을 배우기 시작했다. 꾸준히 운동을 하고 식사도 잘 챙긴다. 일도 무리하지 않는 선에서 조절하고 있다.

  잃어보지 않으면 지금 가진 것의 소중함을 알 수 없다. 아파봐야 비로소 건강의 소중함을 깨닫게 된다. 건강뿐만 아니라 삶에서 시련을 겪으면 소소한 일상이 얼마나 행복한지 가진 것이 많은지 알게 된다. 이제 내 몸이 귀하다는 걸 찐하게 깨달았다. 가끔은 느슨해지지만 퍼뜩 그때의 기억을 떠올리며 마음을 다잡고 고삐를 조인다.

  "건강은 괜찮아요?"라는 짧은 질문에서 시작된 맥락 없는 생각의 꼬리 물기. 그 끝에 찾은 대답은 이것이다.

  "잠시 많이 아팠지만 전 건강해요. 살다 보면 또 다른 곳이 아플 수도, 다른 병을 겪을 수도 있겠지만 저는 여전히 다시 건강하고 즐겁게 살 거예요!"

암경험자를 대하는
지혜로운 태도

 누군가는 암까지 걸린 마당에 일이 뭐가 중요하냐고, 일단 그만두고 몸부터 챙기라고 한다. 모순되지만 맞는 말이기도 하고 아니기도 하다. 물론 치료와 관리는 중요하다. 많은 시간과 에너지, 노력이 필요한 것도 맞다. 하지만 일 때문에 꼭 건강이 나빠지는 건 아니다. 어쩌다 보니 암이라는 강력한 타이틀로 묶였지만 각자 처한 상황도, 성향도 다르다. 한마디로 모두의 삶을 단지 암으로 무 자르듯 재단하거나 단절시키는 건 가혹하다. 꼭 일을 해야 한다거나 일을 하지 않아야 한다거나 이분법적인 구분은 얼핏 간단한 해법 같지만 당사자에게는 그렇지 않다.
 실은 아직 회복되지 않았는데 다시 일을 하라는 이들이 야속했다. 아파본 적도 없으면서, 그 말은 나도 하겠다며 비꼬기도 했다. 일을 시작하고 시행착오를 겪었지만 그제야 냉소를 날리던 모습을 반성했다. 다시 일을 하는 건 실제로 일상의 회복과 건강에 도움이 됐다.

누군가는 경제적인 이유로 일을 계속 해야 한다. 누군가는 일을 통해 성취감과 살아있음을 느낀다. 일에 집중하며 오히려 아픈 걸 잊거나 사회 구성원이라는 소속감에 위로받기도 한다. 순수하게 함께하는 사람들이 좋아 일을 하기도 한다. 반면 치료로 몸 상태가 좋지 않거나 업무상 신체활동의 제약으로 일을 계속하기 어려울 수도 있다. 업무상 스트레스가 심했거나 직장 내 인간관계로 갈등이 많았다면 이전의 일을 계속하기가 고민될 수밖에 없다. 청년 암경험자는 어려움 속에서도 학업을 꾸준히 이어가지만 이후 취업 실패 등의 고난을 겪기도 한다.

개인의 성향과 상황 등 내부적인 요인 외에 암경험자에 대한 선입견과 차별은 사회복귀를 망설이게 하는 이유 중 하나다. 암경험자를 보호해야 할 사회적약자로 동정하고 안쓰러워하기도 한다. 아픈 몸으로 일은 제대로 할 수 있을지 또는 괜히 내 일이 더 많아지는 건 아닌지, 피해를 입지 않을지 경계하기도 한다.

암경험자에 대한 막연한 거리감과 편견은 단순히 개인적인 감정에 그치지 않는다. 일자리를 구하거나 함께 일을 하고 관계를 맺는 과정에도 영향을 미친다.

어쩌면 이런 인식은 드라마나 영화의 영향인지도 모른다. 짧은 러닝 타임 내에서 관심을 얻으려면 자극적인 소재와 극적인 전개가 불가피하니까. 미디어 속에서의 암은 대체로 죽음을 전제로 한다. 또는 창백한 안색으로 환자복을 입고 삶에 대한 의지를 상실하거나 반대로 삶에 과도하게 집착하는 모습을 클로즈업한다. 뚝배기처럼 꿋꿋하고 은근하게 버티며 오래오래 잘 살아가는 암경험자의 이야기야말로 감동 그 자체인데.

수십 년 인생을 극적으로 보여주는 드라마의 내용은 현실적으로 이뤄지기 어렵다. 단골 소재인 재벌 2세 청년과 가난한 아가씨의 사랑은 가능은 하지만 일상적이지 않다(저는 실제로는 한 번도 못 봤는데, 혹시 보신 분?). 재벌 2세의 로맨스는 애초에 가상이라는 걸 안다. 하지만 암은 주위에서 자주 생기고 접하게 된다. 미디어는 미디어일 뿐인데 오히려 극화해서 표현된 암울한 이미지가 현실에 덧씌워진다. 이런 이유로 다시 일을 할까 고민하다가 용기를 내더라도 거친 현실에 좌절하게 된다.

그 외에도 어려운 주제 중 하나가 동정과 배려다. 체력 저하나 병원 진료 등으로 배려가 필요한 경우도 있지만 어떤 때는 동정이라고 느끼게 된다. 명확한 기준은 없지만 배려는 상대방이 필요하고 원할 때 도움을 주지만, 동정은 미루어 짐작해서 함부로 평가하거나 행동하는 게 아닐까.

시각장애인에게 길을 안내해준다고 함부로 옷깃을 잡는 게 아니라 "도와드려도 될까요?"라고 먼저 물어보는 게 에티켓인 것처럼, 가령 치료 후 풀타임 근무가 어려운 이에게 탄력근무제를 승인해주는 건 배려다. 반면 본인의 의지와 무관하게 체력이 걱정된다며 주요 업무에서 제외하는 건 동정 내지 차별에 가깝다.

암경험자뿐만 아니라 어린이, 노인, 장애인같이 약자에 대한 우리의 태도는 어떠한가. 다르다는 것이 익숙하지 않아서 또는 단지 다르다는 이유로 딱한 눈빛을 보내며 동정하지 않았는지. 상대에게 묻지 않고 내 방식대로 돕거나 불가능하다고 선을 긋지는 않았는지.

누구나 살면서 힘든 일이 있지만 삶은 계속된다. 수많은 고민과 걱정을 떨쳐내고 다시 용기를 낸 이들에게 무의식에 쌓인 선입견을 지우고 진심을 담아서 이렇게 말하면 어떨까.

"고생 많았죠? 이겨내고 돌아와줘서 고마워요. 앞으로도 잘

하리라 믿어요. 언제든 도움이 필요하면 편하게 이야기해요. 항상 응원해요."

다시 사회로 돌아올 수 있을지 수없이 고민했다. 잘해낼 수 있을지 스스로도 확신하지 못했다. 주위의 배려가 간절했던 내가 때때로 듣고 싶고 눈물 나게 고마웠던 말이다. 지금 머릿속에 누군가가 생각났다면 미루지 말고 이야기해 보자.

소중 귀중한 6개월의 선물, 지금 이 순간에 감사하며

"이제 암환자인 걸 잊고 열심히 관리하며 사세요."

치료 후 종종 듣는 말이다. 착실한 모범 환자라서 잘 잊고 산다고 말하고 싶지만 실은 현생에 치여 생각할 겨를이 없다. 아이들이 크면서 좀 나아졌지만 여전히 할 일이 많다. 부족한 연차로 검사, 치료, 진료 시간을 어떻게 확보할지 레고 블록처럼 이리저리 끼워 맞추는 것만도 버겁다.

그러면 어김없이 고뇌와 반성의 시간이 돌아온다. 바로 6개월마다 진행되는 정기검진. 평소에는 잘 지내다가도 검진 전날 밤이면 여지없이 싱숭생숭하다. 뜬금없이 여기저기가 아프다. 혹시 재발인가 밑도 끝도 없이 의혹의 눈초리를 보낸다. 차라리 바로 곯아떨어지면 좋은데 마음이 불안해서인지 불면증은 절묘한 타이밍에 위용을 떨친다.

머릿속에서는 대하 드라마급 서사가 펼쳐진다. '무사히 패스하겠지'로 시작되다가 급반전해서 다시 무한상상으로 이어진다. 꼬리에 꼬리를 물고 이어지다가 '기승전오케이'로 결말이 난다. 창의력 제로의 시작도 중간도 결론도 이보다 똑같을 수 없는 이야기가 반복된다. 하지만 사람 일이란 늘 알 수 없다. 예기치 못한 이야기로 전개되더라도 담담히 받아들이겠다고 다짐한다.

밤새 잠을 설친 여파로 아침에 허둥지둥댄다. 하필 차는 왜 이렇게 막히는지. 서둘러 수납과 접수를 마친 뒤 알람이 날아온다. 진료 대기 60분. 괜찮다. 그 정도는 익숙한 N년차 암경험자니까. 대기 시간이라는 숫자에는 익숙하지만 그 시간을 보내는 데는 익숙하지 않다. 진료 대기실에서 환자와 보호자는 짧지만 꼭 필요한 진료를 위해 오랜 시간 머문다. 거동이 불편한 아버지와 함께인 아들, 유방암인 어머니를 모시고 온 딸. 유독 연로하신 부모님을 모시고 온 자식들이 눈에 띈다.

비니와 모자를 쓴 뒷모습에 희미한 기억이 떠오른다. 우연히 맞닥뜨린 장면에 그때의 추억이 소환되고는 한다. 파란 바탕에 하얀 물방울 비니를 쓰고 대기실에 앉아 있으던 사람들의 검은 머리카락이 어찌나 부럽던지. 머리카락이 있음과 없음으로 구분이 가능하다는 놀라운 발견을 했다. 이제는 거울에 비친 단발머리를 보면 민머리였던 모습이 가물가물하다. 벌써 시간이 이렇게 흘렀구나.

한 시간이 지났지만 기다림은 계속된다. 한 시간 반. 어느새 두 시간이 넘어간다. 답답하고 무거운 공기가 피로하다. 보통 때라면 이렇게 흘러버리는 시간이 아까워서 뭐라도 할 텐데 유독 진료 대기 시간에는 멍 때리기를 고수한다. 다른 생각들이 들어올 틈이 없어서인지도 모른다. 하릴 없이 휴대폰을 만지작거리다 다시 전광판을 확인한다. 단순한 행동을 반복하며 시간을 보낸다.

문득 크리스마스가 생각났다. 마치 굴뚝을 타고 내려와 선물을 줄 산타를 기다리는 것 같다. 이제나 저제나 언제 올까 설레며 기다리는 깊은 간절함을 가진 어린아이가 된 것 같다. 진료실 문을 넘어서면 선물이 기다린다.

두 시간 반 만에 진료실에 입성했다. 드디어 선물을 줄 산타를 영접한다. 마우스 클릭 소리가 들리고 몇 초간 모니터를 훑어 내린다. 이 아이가 선물을 받아도 될지 꼼꼼히 살피는 것 같다.

꿀꺽.

"다행히 깨끗하네요. 다 괜찮아요."

그럴 줄 알았고 그럴 거라 믿었지만 그래도 직접 듣는 것과는 다르다. 으레 하는 말일 수도 있지만 '다행히'라는 말이 이렇게 절실하게 느껴진 적이 있을까. '다행히'라는 운에 맡겨진 몸이지만 괜찮다. 다행히도 깨끗하니까.

빈혈기가 있지만 심하지 않았다. 콜레스테롤과 간 수치도 이상 없다. 유방외과의 진료 간격이 길다고 중간 검사도 잡아줬다. 대체로 매년 한 개 과에서 검사를 받는데 N년째 복수전공(유방외과, 혈액종양내과)이라니 영광스러울 따름이다.

진료실을 나오니 그제야 실감이 난다. 대기 중 불친절했던 직원 때문에 상했던 마음은 사라졌다. 눈물이 나올 만큼 기뻤는데 아이러니하게도 그 순간 마음이 쿵 바닥으로 떨어진다.

'이렇게 긴장하며 피 말리는 시간을 6개월마다 겪어야 하는구나. 아마도 평생.'

순간 눈앞이 뿌얘졌다. 좋아서인지 서글퍼서인지 억울해서인지 이도저도 아니고 항호르몬제의 우울감 때문인지(새끼손톱 반의반도 안 되는 알약이 삶의 질에 많은 영향을 끼친다). 짧은 순간이지만 감정이 뒤엉킨다.

이내 고개를 젓는다. 마음의 파동은 금세 사라졌다. 이것만으로도 얼마나 감사한 일인데. 결과만 좋으면 간도 쓸개도 다 내어 놓으려던 기세는 어디로 가고 욕심을 내냐고 스스로를 꾸짖는다. 조금 전의 나처럼 떨리는 마음으로 하염없이 대기 중인 이들을 보면서. 다음 검진을 걱정하며 슬퍼하기에는 나에게 주어진 지금 이 시간이 소중하다.

 6개월은 한 덩어리지만 무수한 순간으로 채워져 있다. 하루하루를 소중히 살아가며 작은 행복을 찾는 드라마 〈미지의 서울〉에서 주인공은 말한다. '어제는 끝났고, 내일은 모르니까, 오늘을 살자'라고. 행복한 오늘이 쌓이다 보면 또 선물을 받겠지?

 긴장이 풀린다. 그제야 오후 늦게까지 식사도 못 하고 끊임없이 환자를 응대하는 의료진이 눈에 들어온다. 수많은 대기 환자와 보호자 사이를 종종걸음으로 뛰어다닌다. 칭찬 카드에 감사의 마음을 담는다. 그저 한 장의 카드지만 나의 응원이 전해지면 좋겠다. 더 따뜻한 마음으로 환자를 대할 수 있도록.

 '6개월의 선물'로 로또보다 100배는 더한 세상을 다 얻은 기쁨을 누린다. 일상의 관리와 극도의 불안감이라는 대가를 치러야 하지만 그래서 더 짜릿하다. 경험해봐야 알 수 있는 희소한 느낌의 최고봉을 정기적으로 맛본다. 덤으로 푸짐한 사은품(봉지 가득한 반년치 약과 주사 처방)까지 받았다. 내 몸을 지켜줄 수호천사들아, 앞으로도 매일 잘 부탁해.

'괜찮다'라는 말 한마디에 검진을 핑계로 늘어졌던 마음은 언제 그랬냐는 듯 다시 의욕으로 활활 타오른다. 글쓰기도 너무 오래 쉬었고 배우고 싶은 것도 100가지다. 꽃 피는 봄에 만나기로 한 이들도 생각난다. 꽃구경도 가야 한다. 불안을 핑계 삼은 야식으로 늘어난 체중도 이제 굽어살필 때가 됐다. 살아있고 다시 삶을 누릴 수 있음이 더없이 신나고 감사하다.

다시 K-직장인,
부캐는 환자였고요

 느닷없이 강제로 멈춰진 삶을 다시 굴러가게 하려고 노력했다. 일터는 간절히 꿈꾸던 일상으로 복귀의 마지막 퍼즐이었다. 틈새 없이 잘 맞춰질지, 튕겨 나가지는 않을지 전전긍긍했던 마음은 어느새 까마득하다. 어긋남 없이 평평하게 잘 맞춰진 퍼즐은 접착제까지 꽁꽁 발라서 흔들어도 끄떡없을 만큼 단단하다. 이제 다시 일상으로, 나의 일로 돌아왔다.
 치료 후에도 병원을 자주 방문해야 했기에 환자와 일반인 사이 어딘가에서 방황했다. 하지만 하루의 절반 가까이 회사에 머무는 강력한 K-직장인의 일상은 환자 부캐를 순식간에 저 멀리 후순위로 밀어냈다. 애초에 있었는지 존재조차 무색할 만큼. 매일 출퇴근으로 에너지를 끌어 쓰고 업무 적응에 바짝 긴장하느라 걱정과 불안이 비집고 들어올 틈이 없다. 집에 오면 쓰러져 자기도 바쁜데 걱정이 웬 말인가.

복직 후 첫 월급을 받았을 때는 신입 사원 때보다 감격스러웠다. 다시 만날 수 없으리라 생각한 인연이 더 반가운 법이다. 돌아가서 내 손으로 번 돈은 그 가치를 액면가로 환산할 수 없다. 최소 따따블이다. 혹독한 눈보라를 헤치고 소중 귀중한 월급을 다시 만났다. 예전에도 눈치 보고 쓰지는 않았지만(다시 한번 강조하지만 니 거는 내 거, 내 거도 내 거다), 왠지 마음이 훨씬 편하다. 덕분에 가끔 나를 위한 소소한 호사를 부린다. 알뜰살뜰 미래의 나를 위한 저축도 한다.

질풍노도의 적응기가 지나자 평화가 찾아왔다. 이제 나이가 들었는지 "부장님~" 하고 불러주면 그렇게 달콤하다. 지갑이 술술 열리며 기분 좋은 커피 서비스가 따라간다. 마음만은 20대라고 외치지만 본능이라 어쩔 수 없다. 회사의 공식 호칭인 '님'으로 불리면 나도 깍듯하게 '님'으로 대접한다. 하지만 커피는 셀프다. 누차 말하지만 암경험자도 뒤끝은 있다.

시스템과 업무는 계속 배워야 하지만(돌아서면 까먹는 게 치명적인 약점이다) 20년 짬바와 인생 내공은 밀리지 않는다고 자부한다. 가끔 꼬인 일을 연륜으로 부드럽게 해결하면 뿌듯함에 어깨가 으쓱거린다. 대체로 티도 잘 안 나고 알아주는 이도 없다는 게 함정이지만 스스로는 아니까. 무엇보다 누군가에게 작게라도 도움이 되면 그걸로 충분하다.

고맙게도 나를 좋은 선배, 동료, 후배라고 불러주는 이들이 있다. 천천히 해도 괜찮다고 믿고 응원하며 기다려준다. 그들은 나를 더 좋은 사람, 더 잘할 수 있는 사람으로 만들어준다. 절대적 우군인 가족이나 친구가 아닌 타인에게 듣는 따뜻한 격려의 힘이다. 덕분에 나는 이제 어떤 상황에서도 다시 일어설 수 있다는 자신감을 얻었다. 광활한 우주 공간에서의 도킹처럼 느껴졌던 고난도 미션을 클리어하고 얻은 선물이다.

일을 다시 시작한 건 가족에게도 변화를 줬다. 함께 있는 시간이 너무 많았는데 이제 사춘기 아이들과 적당한 거리가 확보됐다. 이러면 안 되는 줄 알면서도 눈에 거슬리는 것투성이였다. 마음에 담아두면 병이 된다는 기적의 논리에 기반해 잔소리 퍼레이드가 이어졌다. 늘 바빠서 나름 쿨했던(실상 무심했던) 엄마의 변신이 부담스러웠을 아이들에게 다시 공간이 생겼다.

남편에게는 퍽퍽한 세상, 가정 경제를 함께 떠받치는 든든한 전우가 귀환했다. 마찬가지 이유로 세 가족을 향한 잔소리의 총량은 대폭 감소했다. 가끔 불리한 순간에는 아팠던 부인을 살뜰히 챙기지 않는다는 명분으로 남편을 압박한다. 그래도 그는 그저 다시 찾은 일상에 감사해한다.

 나의 건강과 커리어(드라마 속 차도녀 느낌의 멋진 커리어 우먼과 전혀 상관이 없다고 누차 강조하지만 엄마는 듣지 않는다) 사이에서 걱정하던 이 여사는 나의 안부를 묻는 친구들에게 우아하게 살짝 입꼬리를 올리며 대답한다.

 "우리 딸? 이제 치료 마치고 다시 회사 다니지."

 힘든데 왜 그만두지 않느냐는 탐탁지 않은 반응이 이어지면 "아직 젊은데 아깝잖아. 호호"라고 가뿐하게 방어한다.

 가끔 생각한다. 만일 더 쉬거나 일을 그만뒀다면 어땠을까. 몸은 편하지만(삼시 세끼 돌밥 제외) 결정을 유예한 만큼 고민은 깊어지고 두려움은 커졌을 것 같다. 미뤄둔 숙제처럼 마음 한편은 찜찜하고 돌아갈 가능성은 점점 낮아졌을지도 모른다.

 껌딱지였던 아이들은 어느새 중고등학생이 됐다. 이제 내가 집에 없으면 왠지 좋아하는 것 같다. 그렇지 않다고 극구 손을 내젓는데 왠지 의심스럽다. 아픈 엄마라는 자격지심이나 아이들이 짠하다는 핑계로 그만뒀으면 큰일 날 뻔했다. 이제 와서 되돌릴 수도 없고 억울해서 땅을 쳤을지도 모른다.

성격상 가만히 있지도 못했을 것 같다. 난 성취 지향형이니까. 서툴고 느리지만 조금씩 새로운 기회를 탐색했을지도 모른다. 어쩌면 더 신나고 재미있는 길로 이어졌을 수도 있다. 다만 막연한 두려움에 시도도 해보지 않고 포기한 것에 대해 후회했을 것 같다. 내가 선택했어도 진짜로 원하던 게 아닌 채로 그만둔 아쉬움이 따라다닐 것 같다. '일단 눈 딱 감고 다시 일했으면 어떨까. 좀 힘들어도 버틸 만하지 않았을까?' 하고 곱씹으면서.

직장을 다니면서 사부작사부작 좋아하는 일을 했다. 퇴근 후와 주말이 있으니까. 주업이 있으니 급하게 쫓기지 않았다. 꾸준히 쓴 글은 다양한 기회와 만남으로 이어졌다. 직장인이자 작가인 N잡러가 됐다. 늘 선택을 고민하지만 꼭 이거 아니면 저거일 필요는 없다. 우리는 흑백 요리사가 아니니까.

병가 후 첫 출근의 긴장감, 두려움, 생경함은 아스라한 느낌으로만 남아있다. 마치 암환자가 된 당혹스러움과 힘든 기억이 가물가물한 것처럼. 많은 걱정은 실제로 겪은 것도 있지만 대부분 상상으로 머물렀다. 혼자 외롭고 힘든 시간이라고 생각했지만 가족, 친구, 동료, 전우들에게 따뜻한 응원과 긍정의 에너지를 받았다. 부담스러울까 봐 조심스러워서 잘 드러내거나 표현하지 못할 뿐이다.

다시 일을 할지 머리 쥐어뜯으며 고민하던 그때의 나에게, 의도치 않게 멈췄지만 다시 한 걸음을 딛기 위해 고민하는 이들에게 이렇게 이야기하고 싶다.

"일단 해보세요! 아니면 말고~"

물론 조금은 힘들고 좌충우돌할지도 모른다. 그래도 살살 견디다 보면 어느새 평온한 경지에 이를 것이다. 혹시 너무 힘들면 멈추고 다른 길을 찾으면 된다. 어떤 길이든 충분히 고민하고 마음이 이끄는 선택이었다면 그게 옳은 길이다. 그런 당신의 흔적은 같은 길을 걷는 누군가에게 용기와 희망이 되리라 믿는다. 그저 무탈하게 일상을 살아가는 것만으로도.

두 번째 생은 거침없이,
앞으로 돌격!

신중함과 우유부단함의 차이는 뭘까. 늘 신중하다고 우겼지만 실은 후자에 가까웠다. 선택의 순간에 유달리 생각이 많았다. 스스로에 대한 메타인지는 부족하지만 나에 대해서는 매우 객관적으로 파악하는 남편은 이렇게 말한다.

"너는 우유야."

(달달하다거나 귀여운 애칭으로 오해하면 곤란하다. 결정을 못 하는 우유부단한 모습을 답답해하며 날리는 돌직구니까.)

선택에는 확신이 필요하고 확신은 머리로 이해돼야 했다. 나는 MBTI 성격유형 검사 결과 이성과 감성 중 감성을 중요하게 여기는 F인 줄 알았다. 그런 나에게 주위 사람들은 단호하게 반대 성향인 T, 심지어 대문자 T라고 한다. 스스로 납득하기까지 오랜 시간이 걸렸다. 어떤 선택의 장단점이나 해야 할 이유와 하지 않을 이유를 종이에 적어보기도 했다. 어쩌면 '노'라고 쉽게 거절하지 못하는 성격이 한몫했는지도 모른다.

 타고난 기질을 완전히 바꿀 수는 없지만 이제 판단의 기준이 명확해졌다. 나중에 '그때 하지 말았어야 하는데'일지, '그때 해 봤어야 하는데'일지. 물론 삶은 예측이 불가능하다. 지금의 선택이 최고의 결과로 이어질지는 알 수 없다. 어쩌면 후회하게 될지도 모른다. 다만 내가 할 수 있는 건 지금 이 시점에서 최선의 선택을 하는 것이다.
 선택의 기준이 업그레이드됐지만 그래도 해결되지 않으면 비장의 카드가 등장한다. 바로 '만약에 재발한다면 어떤 선택을 해야 후회하지 않을까?' 하고 떠올려 보는 것이다. 마음 깊숙이 품었던 비밀 무기가 모습을 나타내는 순간, 직전까지 엄청나게 커 보이던 고민은 졸지에 한없이 작아진다. 그저 그런 하찮음의 집합체가 된다. 선택의 과정에서 고민되던 부차적인 요소와 소음이 사라진다. 마지막까지 남은 그나마 중요한 것들이 이야기한다.

'죽고 사는 것도 아닌데 뭐가 그리 심각해? 한 번 사는 인생이잖아.'

암을 경험하면서 사고의 영역은 이전과는 다른 차원으로 확장됐다. 무수한 걱정과 잡생각부터 삶과 죽음에 대한 고민까지. 그중에서 '이건 꼭 했어야 하는데' 또는 '이걸 못 해봤다니 너무 아쉬워'라고 느낀 일이 뭘까? 예전에 삶의 큰 비중을 차지했던 일자리(상위 고과, 높은 연봉, 업무 성과, 이직, 안정적인 직업 등)에 대한 서운함일까? 아니면 더 많은 재산을 쌓거나 명품이나 수입 스포츠카를 구매하며 살아보지 못한 아쉬움일까?

아이러니하게도 욕망의 상위권에 있던 것들은 어느새 행방이 묘연해져 흔적이 보이지 않는다. 대신 아이들을 오롯이 품어주지 못한 아쉬움, 무심코 지나친 소소한 행복에 대한 깨달음, 바쁘다는 핑계로 만나지 못한 친구들에 대한 그리움, 쑥스러워서 사랑을 표현하지 못한 가족에 대한 애틋함, 바쁘게 살면서 정작 돌보지 못한 스스로에 대한 애잔함. 죽음이 삶의 어디에선가 맞닿아 있다는 걸 깨달은 순간 떠오른 감정이다.

중요한 결정의 순간에는 삶의 우선순위와 가치가 명료해진다. 암경험자로 얻은 또 하나의 선물이다. 우유부단하며 소진할 시간과 에너지, 감정을 아낄 수 있다. 무수한 선택의 순간을 조금은 가볍게 마주할 수 있다. 이런 이유로 할지 말지 고민이 되면 일단 하려고 한다. 해보면 후회라도 할 수 있지만 해보지 않으면 그 기회조차 없으니까.

  좋아하는 걸로 현실의 삶을 꾸릴 수 있다면 좋을 텐데. 삶에서 추구하는 가치를 실제로 이룰 수 있을까? 평생 월급쟁이로 살아온 터라 그런 건 책이나 영화에서나 가능하다고 생각했다. 그런데 꿈을 현실로 만들어가는 지인이 가까이에 있었다.

  그녀는 책과 위스키를 좋아하고 쉼이라는 가치를 추구한다. 언젠가 꼭 할 거라고 입버릇처럼 말하더니, 어느 날 덜컥 책 읽는 위스키 바의 오픈 소식을 전했다. 위스키를 좋아하지만 잘 마시지는 못하는 사장님, 취객을 무찌르기 위해 인당 세 잔 이하만 마실 수 있는 재미있는 공간이다. 편하게 책을 읽고 위스키를 음미하는 아담한 동네 사랑방으로 느리지만 꾸준히 꾸며갔다.

  다양한 독서 모임을 통해 새로운 사람을 만나고 이웃 가게들과 합심해 로컬 행사도 연다. 힘들 만도 한데 해보니 너무 좋다며 책과 위스키 그리고 커피가 있는 북 카페도 시작했다. 부유해서 고급 취미 생활을 하느냐고 오해할 수 있지만 그렇지 않다. 좋아하는 걸 일로 만들고 그걸로 삶을 꾸린다.

물론 무에서 유를 만드는 과정은 쉽지 않다. 성공이 보장되지 않으니 돈이 너무 많이 들면 안 된다. 전문가가 아니니 관련 분야의 공부는 필수다. 위스키 책 수십 권을 읽고 비슷한 콘셉트의 바에서 묻고 배웠다. 개업일에는 손님에게 질문을 받을까 봐 긴장된다고도 했다.

건축학과를 졸업했지만 일찌감치 업계의 현실에(사무실에서 담배를 뻑뻑 피우고 막내에게 온갖 허드렛일이 쏟아지는) 자기의 길이 아님을 깨달았다. 그 뒤로 그녀의 다채로운 삶이 시작됐다. 암 경험 이전에는 직장인의 삶을 무료해했고, 이후에는 복직을 망설이며 어떻게 살아갈지 고민하는 나에게 그녀가 말했다.

"어른이 되고 하기 싫은 일에 억지로 매달린 적은 없는 것 같아. 물론 힘든 순간은 있지. 책임져야 할 것도 많고. 직장인처럼 안정적이지도 않아. 그래도 내가 하고 싶고 만들어가는 과정이니까. 좋아하는 것도 많은데 굳이 싫은 일을 하면 좀 그렇지 않을까. 사실 실패해도 엄청난 일이 생기지는 않더라고. 하고 싶으면 그냥 해봐."

동경하던 '가슴 뛰는 삶'의 현실 버전 같다. 회사 일이었지만 푹 빠져서 진심을 다한 적이 있다. 그때 느낀 성취감과 뿌듯함을 다시 맛보고 싶다. 하얀 백지에 나의 꿈을 그리고 채워가면서.

어릴 적 장래희망은 희미한 기억으로 남아있다. 그저 열심히 공부해서 괜찮은 대학에 가고 안정적인 직장에 취직했다. 대체로 무난하지만(물론 자세히 보면 마디마디 굴곡이 빼곡하다) 이게 꿈꾸던 삶인지 고개를 갸웃하게 된다.

　나이 사십이 넘어 웬 꿈 타령인가 싶지만 못 할 이유는 또 뭔가. 일흔여섯 살에 그림을 그리기 시작해서 101세까지 작품을 남긴 미국의 화가 모지스 할머니도 있지 않은가. 그에 비하면 아직 한참 꼬꼬마다. 10대 같은 풋풋함은 사라졌지만 이제 삶의 경험으로 쌓인 성숙함이 있다(라고 믿고 싶다). 이제라도 나를 찬찬히 바라보며 원하는 삶을 그려보려 한다.

　어떻게 얻은 삶인데 막연한 불안과 걱정으로 마음의 소리를 외면하기는 아쉽다. 삶의 끝자락에서 지금의 나를 돌아본다면 어떨까. 아마 두려워하지 말라고, 삶은 다시 길을 내어줄 거라고 말해주지 않을까.

　선물 같은 두 번째 삶, 마음 깊숙이 원하는 것을 탐색해보려고 한다. 어떤 미래가 펼쳐질지 알 수 없지만 그래서 더 기대되고 설렌다. 용기 낸 지금의 나를 칭찬하고 응원할 미래의 나를 위해, 더 반짝반짝 빛나는 소중한 삶을 만들어갈 것이다.

망설이는 당신에게 건네는
선배들의 응원

많은 이가 어떻게든 살아야 한다는 마음으르 암 치료를 마쳤어도 왠지 허탈해한다. 동시에 다시 일을 할지, 학업은 어떻게 할지, 나아가 어떻게 살아가야 할지 고민한다. 다시 일을 하면 건강을 해칠까 봐 걱정되고 주위의 시선도 신경이 쓰인다. 마음 한편에서는 예전처럼 사람들과 어울리면서 다시 일도 하고 싶다. 기왕 이렇게 된 거 더 재미있고 의미 있게 살고 싶다.

막상 지나고 보면 어렵지 않은데 사회로 돌아가는 첫걸음을 내딛기가 이렇게 힘들다. 외롭고 힘들지만 용기 낸 이들이 있다. 시련을 삶의 터닝 포인트로 만들고 더 즐겁게 살아가는 이야기가 다시 일어설 힘이 되면 좋겠다.

병실 룸메이트로 만난 40대 여성은 열정적인 영어 강사다. 먼저 암을 경험한 만큼 이런저런 노하우를 알려주고 항상 응원해줬다. 그녀는 탈모 때문에 누군가와 대면해 오랜 시간 이야기하는 게 힘들었지만 20년 넘게 쌓은 커리어에 대한 아쉬움과 의지로 용기를 냈다. 무엇보다 배움을 통해 점점 나아지고 자신감을 갖는 수강생을 보면 뿌듯하다고 했다. 이제 그녀에게 일은 단순히 생계를 위해서가 아니라 삶의 의미가 됐다. 강의만 시작하면 눈빛에는 생기가 온몸에는 에너지가 넘친다. 많은 이의 영어 울렁증 극복에 기여하는 일타 강사로 거듭나기를 응원한다.

　자조 모임을 통해 만난 40대 여성은 육아로 직장을 퇴사한 전업주부였다. 수줍음이 많지만 배려심이 남달랐다. 오랜 병원 생활로 일반인에게는 낯선 공간에 익숙해졌다. 아파 보니 아픈 이의 마음을 헤아릴 수 있게 됐고 경험은 새로운 기회를 열어줬다. 근처 병원에서 일하게 됐다고 기뻐하며 소식을 전했다. 경력 단절의 어려움을 뜻밖의 계기로 극복하게 됐다. 불친절함에 상처받는 마음을 누구보다 잘 알기에 환자의 마음을 보듬으며 새로운 길을 이어가기 바란다.

　병원에서 만난 동갑내기 친구는 1인 미용실을 운영했다. 수술과 림프부종으로 오래 서 있거나 무거운 미용기구를 사용하기가 힘들어졌다. 단골도 많아 아쉬웠지만 가게를 정리했다. 오랫동안 하던 일을 뜻하지 않게 그만두게 돼 한동안 무기력했다. 그래도 살아갈 날이 더 많기에 어떻게 살지 고민했다. 평소에 관심 있던 네일아트를 배우기 시작했다. 손재주가 있으니 빨리 배웠고 적성에도 맞았다. 조금씩 일을 하면서 활기를 찾고 작은 창업을 준비 중이다. 대박을 기원한다.

블로그에 남긴 쪽지로 인연을 맺은 20대 동생은 신혼에 예쁜 아기까지 행복했던 순간에 암이 찾아왔다. 어린 만큼, 행복했던 만큼 충격과 상실감이 컸다. 치료를 마친 뒤 걱정되고 두렵지만 다시 또래들처럼 살고 싶어 용기 내어 직장을 구했다. 초보 워킹맘에 약해진 체력으로 처음에는 힘들어했지만 이제는 언제 그랬냐는 듯 되찾은 삶이 감사하다고 활짝 웃는다. 스스로 돈도 벌고 소소한 일상을 살아가는 것만도 행복해한다. 치료가 힘들다고 울던 모습이 떠올라 더 예쁘다. 남들보다 일찍 행복의 시크릿을 깨우쳤으니 평생 더 많이 행복하고 웃을 수 있지 않을까.

멘토링 프로그램에서 만난 20대 청년은 대학 생활 중에 암을 맞닥뜨렸다. 예기치 못한 이벤트와 경험은 삶의 방향을 바꿔놨다. 이전으로 돌아가기도 새로운 일상을 꿈꾸기도 어려운 젊은 암경험자를 돕고 싶었다. 학부 전공은 아니지만 대학원에서 관련 분야를 공부했다. 학생이지만 직장 같은 대학원 생활인데 술을 마실 수 없고 밤샘 작업도 부담스럽다. 그래도 경험자의 관점에서 과제를 발굴할 수 있는 게 장점이다. 여전히 암밍아웃이 고민되고 때로는 갑작스레 바뀐 삶이 비현실적으로 느껴진다고 한다. 하지만 암이라는 변곡점 덕분에 진심으로 평생 하고 싶은 분야를 찾았다. 그녀의 바람대로 젊은 암경험자들을 돕는 귀한 씨앗이 되기를 응원한다.

암 경험을 주제로 글을 쓰며 만난 30대 여성은 중학교 국어 교사다. 서로의 글쓰기를 응원하며 나란히 출간까지 이어진 각별한 사이다. 아이들을 가르치는 게 천직인 듯 좋았다. 갑자기 찾아온 암으로 일상이 멈췄다. 하지만 잠깐의 쉼은 마음 깊이 간직했던 소중한 꿈을 일깨웠다. 10대 시절의 문학소녀는 언젠가 작가가 되고 싶었다. 언제 어떻게 될지 모르는 몸 상태에 간절한 마음으로 글을 썼다. 이제 그 꿈을 이뤘다. 그간 잊고 지낸 작가 본능이 샘솟았는지 육아 에세이, 교육서 등을 연이어 출간했다. 작가이자 선생님으로 다시 학생들을 만났다. 꿈을 이룬 선생님의 에너지가 아이들에게도 전해지기를 바란다.

암경험자들은 학업, 취업, 복직, 창업 등 이전에는 생각지 못한 새로운 분야까지 다양한 길을 걸어간다. 사회로 한 발 내디디기까지 수많은 고민과 걱정이 있고, 한 걸음을 떼는 것조차 쉽지 않다. 그래도 살살 할 수 있는 만큼 조금씩 움직이다 보면 어느 순간 자연스럽게 걷게 되지 않을까. 언젠가는 성큼성큼 뛰어갈 수 있을지도 모른다. 경험해본 이들은 한결같이 이야기한다.

"설마 될까 싶었는데 해보니까 되네요."

조금은 두렵겠지만 앞서 걸어간 이들을 보며 용기 내면 좋겠다. 일단 해보고 아니면 멈추거나 또 다른 길을 찾으면 되니까.

나에게 암은 삶을 멈추기도 했지만 동시에 나를 탐색하고 소중한 가치를 재발견하는 소중한 기회였다. 경제적인 이유로 또는 너무 바쁘거나 단조로워서 돌아보지 못했던 삶을 찬찬히 톺아볼 수 있었다. 가쁜 호흡을 멈추고 나를 중심에 놓는다. 마음 속 깊이 담아뒀거나 진짜 하고 싶은 것을 생각해본다. 5년 후, 10년 후에 바라는 삶의 모습을 그려본다. 새로운 길을 발견할지도 모른다. 같은 길도 더 이상 예전과 같지 않다. 세상을 바라보는 나의 눈과 마음이 달라졌으니까. 암을 경험한 뒤에 맞이하는 아침 햇살이 유난히 맑고 따스한 것처럼.

암 이후의 삶. 엄청난 무언가를 하지 않아도 괜찮다. 캄캄한 동굴 안에 갇히지 말고 조금만 용기 내어 바깥으로 한 걸음 내디뎌 보면 어떨까. 다시 공부하고 일을 하고 누군가를 만나며 조금씩 하고 싶은 일만 해도 충분하다. 하루하루 살다 보면 소소한 성취감과 즐거움이 찾아올 테니까. 그렇게 조금씩 쌓인 자신감이 한 걸음 더 나아가고 새로운 것에 도전할 수 있는 힘이 될 것이다. 우리의 소중한 하루를, 앞으로 펼쳐질 찬란한 미래를 진심으로 응원한다.

암 이후의 삶,
다른 나라에서는 어떻게 살까?

우연히 시각장애를 가진 100만 유튜버의 미국 여행 브이로그 영상을 본 적이 있다. 그는 버스를 타면서 연신 감탄사를 날렸다. 버스 정류장에서는 버스가 들어올 때 진입한다는 안내 방송이 나오고 탑승할 때 다시 버스 번호를 알려줬다. 장애인이나 노약자가 버스에 탑승할 때 차체를 기울여 바닥을 낮춰주는데 이를 '닐링(kneeling) 서비스'라고 한다.

시간이 좀 소요되지만 누구도 불평하지 않았다. 장애인이 먼저 타도록 기다리고 안에 있던 이들이 장애인석을 친절하게 알려줬다. 자리에 앉은 후 버스는 천천히 출발했다. 하차 줄이 창문 근처에 가로로 길게 연결돼 있어 애써 벨을 찾지 않아도 쉽게 이용할 수 있다.

단지 버스를 타고 이동하는 짧은 장면이지만 장애인의 관점에서 운영되는 서비스와 시스템, 함께 사는 구성원에 대한 배려를 느낄 수 있었다. 개인의 조건이나 상황이 같아도 속한 환경과 사회적인 분위기에 따라 선택의 폭과 삶의 질이 달라진다.

암 경험 이후의 삶은 이전과 같을 수는 없다. 치료 후유증과 경력의 단절, 잦은 병원 방문, 재정적 불안, 정서적 고립 등의 어려움을 겪는다. 한국 사회는 이러한 삶의 무게를 나눠지고 있을까? 해외의 여러 국가는 암 치료 이후의 삶까지 사회가 책임지는 것으로 인식해 실질적으로 도움이 되는 제도와 정책으로 뒷받침하려 한다. 만약 '대장암 수술과 항암 치료를 마치고 회복 중인 30대 사무직 남성'이 있다면, 각 국가에서 어떤 사회적인 돌봄과 배려로 살게 되는지 가상의 시나리오로 살펴보자.

◉ **독일** | 의료 복지 고용이 통합된 완성형 시스템

치료 후 자동으로 연계된 3주간의 의료 재활 프로그램(Reha)에 참여한다. 요양병원에 입소해 심리상담, 영양 교육, 운동치료, 직무 복귀 교육 등을 받는다. 법정 건강보험으로 치료 및 재활 비용은 전액 보장된다. 병가수당(Krankengeld)으로 치료 중 최대

78주간 급여의 70퍼센트를 지급받는다.

업무 복귀 전 법적 의무 사항인 단계별 훈련 프로그램(BEM)을 통해 초반에는 시간제로 시작해서 점차 풀타임으로 변경하는 등 업무 계획을 조율할 수 있다. 공적 보험을 통해 정기적으로 심리 상담을 받을 수 있고 지역 자조 모임도 활성화돼 있다. 중장기적으로 장애 등급 심사를 통해 세금이나 교통비 감면 등 혜택을 추가로 신청할 수 있다.

◉ 미국　　　　　　　　　 | 권리 중심의 보호, 민간 중심의 지원

치료 후 '서바이버십 케어 플랜(Survivorship Care Plan)'을 통해 전반적인 건강관리에 대해 도움을 받는다. 치료 이력, 부작용, 정기검사 일정, 생활관리 가이드, 지원제도 정보 등이 포함된다. 회복을 위해 무급 보호 휴가(FMLA)를 신청해 병가를 연장할 수 있다(최대 12주 무급이며 고용이 보장됨). 복직 전 〈장애인법(ADA)〉을 근거로 근무제도 조정을 요청할 수 있다. 가령 초기 재택근무에서 점진적으로 상주 근무로 전환할 수 있다(암 생존이 장애의 일종으로 인정돼 해당 법을 적용받는다).

민간단체인 '아메리칸 캔서 소사이어티(American Cancer Society)'에서는 원거리 치료 시 무료 숙소를 제공한다. 다양한 민간

단체의 암생존자 네트워크를 통해 멘토링 프로그램에 참여할 수 있다. 신체 상태와 자산 기준을 충족하면 저소득 장애지원금(SSI)을 신청할 수 있다.

◉ **영국**　　　　　　　　　　　| 맞춤형 공공 시스템과 민관 협력

치료 종료 후 회복 패키지 및 맞춤 돌봄 계획을 통해 이후 건강 점검, 삶의 목표, 심리적 어려움 등 전반적인 도움을 받는다. 전담 암 전문 간호사(Cancer Nurse Specialist)가 치료 재활 사회복귀의 전 과정에 대해 밀착해서 케어한다. 민간단체인 '맥밀런 캔서 서포트(Macmillan Cancer Support)'는 암생존자를 대상으로 법률 상담, 구직 지원 경제적 지원 등 서비스를 제공한다.

암 진단 후 장애인으로 구분돼 정부의 고용 지원 프로그램인 '액세스 투 워크(Access to Work)'를 통해 근무 비용을 보조받는다. 유연근무 신청 권리(Right to Request Flexible Working) 등을 통해 복직 초기 재택근무를 병행할 예정이다. 고용주는 정당한 사유 없이 근무조건 조정을 거부할 수 없다. 추후 직무 변경이나 구직 등의 의사가 있다면 국영 의료 서비스인 NHS(National Health Service) 연계 교육 프로그램의 도움을 받을 수 있다.

◉ **일본** | 국가 주도의 일과 치료 병행 지원

회사 휴직 규정으로 병가를 내고 치료를 받는다. 만일 규정상 휴직이 어려운 경우 국가에서 상병수당금 제도를 통해 최대 1년 6개월까지 기존 급여의 3분의 2를 지급한다. 치료 후에는 암 진료 연계 거점병원에 설치된 암 상담 지원 센터를 통해 도움을 받는다. 질환 관련 정보뿐만 아니라 복직 준비, 건강관리, 심리적 어려움 등에 대한 전문적인 상담을 무료로 받을 수 있다.

후생노동성은 '암과 일의 양립 가이드라인'을 제시해 암생존자가 치료와 일을 병행할 수 있도록 기업을 독려한다. 주치의의 소견서와 상담 결과를 토대로 유연근무, 단축근무, 재택근무 등 근무 형태를 협의할 수 있다. 암 상담 지원센터의 전문 상담원이 직업 유지 및 재취업을 돕는다.

센터에서는 운동, 영양, 심리 지지, 재발 불안 관리 등 포괄적인 통합 지지 프로그램을 제공한다. 지역에서는 민간단체나 병원 주관으로 암경험자 자조 모임이 진행되는데 심리상담사와 사회복지사도 참여하므로 실질적인 정보와 도움을 받을 수 있다. 외모 변화(탈모, 유방 절제 등)나 임신 능력 보존 등과 관련해 지방자치단체가 보조금을 지급하는 경우가 많다.

◉ **프랑스**　　　| 차별을 막는 법적 보호와 치료비 지원

치료 후 장기 질환 관리제도(ALD)를 통해 이후 추적검사, 재활치료, 심리상담, 약제 비용을 지원받는다. 고용주에게는 암생존자 고용시 정부로부터 고용보조금이 지급되고, 장애인 의무 고용의 대상이 된다. 사회 재적응 프로그램을 통해 복귀 전 심리치료, 직무교육, 직업 상담 등 서비스를 제공받는다.

직장 복귀 후 차별을 경험한 경우 노동감독청에 민원을 신청하거나 차별 반대 기관에 도움을 요청할 수 있다. 운동 바우처를 활용해 건강을 관리하고 지역 암생존자 모임에 참여할 수 있다. 치료 후 일정 기간이 지나면 망각권에 기반해 보험 가입 시 과거 병력을 고지하지 않아도 된다.

◉ **한국**　　　| 치료 중심의 제도, 치료 후 삶에 대한 제도적 지원 필요

암 진단 후 빠른 예약과 수술, 치료가 가능하다. 하지만 치료 후 정기검진 외에 별다른 안내는 없다. 병원 내 의료 사회복지사와 상담이 가능하지만 따로 요청을 해야 한다. 산정특례제도로 의료비 부담은 덜하지만 비급여 검사비와 약값 등 치료비가 생각보다 많이 든다. 우울감과 불안이 심하지만 정신과 협진을 통한 약 처방 외에 심리 지원이나 상담은 없다. 복직 초반 재택근무나

단축 근무를 희망하지만 회사의 승인이 필요하다.

다른 암경험자를 통해 암생존자 통합지지센터를 알게 된다. 영양 운동 재활 프로그램 등이 있지만 주로 평일에 진행돼 도움을 받기가 어렵다. 직무 전환이나 이직이 필요한 경우 고용노동부의 고용복지플러스센터에 문의할 수 있지만 아직 암생존자에 특화된 서비스는 많지 않다.

물론 우리나라 의료제도에도 많은 강점이 있다. 우수한 의료접근성과 빠른 치료, 저렴한 치료비(산정특례제도), 국가 암 검진 등을 통한 조기 진단 등. 다만 대부분의 제도가 치료 위주로, 이후 회복과 복귀에 대한 지원은 많지 않은 편이다. 암 이후의 삶은 개인의 의지와 노력으로 극복하기에는 어려운 부분이 많다. 사회가 도우며 함께 회복하는 과정이 되면 좋겠다.

회복된 일상, 차별 없는 일터, 돌봄과 배려가 어우러질 때 비로소 삶을 다시 제대로 시작할 수 있지 않을까. 치료 이후의 삶까지 포용하는 제도와 인식이 정착되기를 바란다.

에필로그

'귀하의 산정특례 적용 기간이 곧 종료됩니다.'

원고를 마무리할 무렵 안내 문자를 받았다. 어느새 5년. 까마득해 보이기만 하던 날이 성큼 눈앞에 다가왔다. 멈춘 줄 알았던 삶은 그 뒤로도 계속되었다. 어쩌다가 암경험자가 되었나 하는 마음은 여전하다. 어쩌면 많은 시간이 흘러도 그 마음은 변함이 없을지도 모른다. 하지만 그보다 중요한 사실은 당혹스러웠던 그 순간이 새로운 삶을 열어준 인생의 터닝 포인트라는 것이다. 좋은 이들을 만나고 새로운 경험을 하고 이전과는 다르게 세상을 바라보는 눈을 갖게 해준, 힘든 만큼 값진 기회였다.

평범한 워킹 맘에서 두려움으로 가득한 까까머리 암환자가 되어 한없이 굴을 파다가, 뜬금없이 누군가를 돕고 싶다고 책을 내고서는, 또다시 잔뜩 긴장한 병가 복귀자로 아등바등하며 정신없이 이어진 시간. 다시 살아내기 위해 좌충우돌했던 경험을 글로 엮으면서 지난 5년뿐만 아니라 그 이전의 삶과 앞으로 펼쳐질 반평생을 그려볼 수 있었다(안타깝게 무병장수는 놓쳤지만 유병장수, 일병백세를 꿈꾼다).

돌이켜보니 캄캄하게 앞이 보이지 않던 순간들은 오히려 나를 조금씩 단단하게 만들어줬다. 덕분에 이제는 그 시간을 고통과 아픔이 아닌 잘 견디고 살아낸 뿌듯함과 아련한 추억으로 바라보고는 한다. 살다 보면 무슨 일이 생길지 알 수 없지만 이 또한 지나갈 거라는 믿음으로 외면하거나 물러서지 않고 할 수 있는 것을 하면서 견디고 살아낼 것이다. 덤으로 새롭게 만들어갈 미지의 삶에 대한 설렘을 선물로 받았다.

암경험자는 치료나 완치 여부, 병기 등과 무관하게 암을 경험하고 지금 이 순간을 살아가는 모든 이들이다. 암을 잘 다스리며 열심히 살아가는 분들께 진심 어린 감사와 응원을 전한다. 삶을 바라보는 통찰과 하루하루를 보석처럼 귀하게 여기는 모습에서 늘 큰 울림을 얻고 삶에 대한 의지를 다진다.

한편으로 이런저런 이유로 더 힘들고 아픈 이가 많은 각박한 현실에서 그저 시키는 대로 치료하고 근근이 월급쟁이로 살아가는 평범한 이야기를 책으로 써도 될지 고민했다. 하지만 고된 치료와 더딘 회복이 힘겨워 희망이 간절한 이들에게, 삶이 건넨 깊은 수렁에서 헤매는 이들에게 '괜찮아요. 나도 이렇게 살아가고 있어요'라고 조용히 손을 내밀고 싶은 마음에 용기를 냈다.

모든 것을 잃은 듯한 좌절감에 빠지는 순간에도 우리는 이렇게 살아가고 있고, 우리가 사는 오늘은 누군가가 간절히 바랐던 내일이다. 저 하늘 위에서 늘 나의 행복을 무한히 응원해주는 이들의 몫까지 더 즐겁게 더 신나게 더 충만하게 살아보리라 다짐한다. 매일 선물같이 주어진 지금 이 순간에 감사하면서.

아프리카 속담에 '아이 하나를 키우려면 온 마을이 필요하다'라는 말이 있다. 다시 삶으로 돌아오는 여정에서 많은 응원과 도움을 받았다. 글을 쓰면서 떠오른 수많은 이에게 가슴 깊이 고맙다는 인사를 전하고 싶다. 나를 살리고 일으켜준 마음에 보답하기 위해서라도 더 좋은 사람이 되겠다고, 더 베풀고 나누겠다는 다짐도 해본다.

몸이나 마음의 고통을 경험한 이들이 일상으로 돌아오는 데는 이들을 함께 살아가는 존재로 바라보는 따뜻한 시선과 배려가 큰 힘이 된다. 시련을 견디고, 회복과 복귀의 여정을 걷고 있는 이에게 살포시 응원의 마음을 보내주면 어떨까. 평생의 은인이 될지도 모른다.

조금은 가볍게 하루하루 설레는 마음으로 살아낸 김에, 즐겨야 하니까. 빨간 원피스를 입은 귀여운 할머니가 되는 그날까지 매일 해피 엔딩을 외친다.

암경험자의 다사다난 일상 회복 분투기

살아낸 김에, 즐겨볼까?

1판 1쇄 인쇄 2025년 11월 2일
1판 1쇄 발행 2025년 11월 12일

지은이 용석경
펴낸이 김성구

책임편집 류다경
콘텐츠본부 고혁 양지하 김초록 이은주 이영민 이아름
디자인 김민지
마케팅부 송영우 김지희 강소희
제작 어찬
관리 안웅기 이종관 홍성준

펴낸곳 (주)샘터사
등록 2001년 10월 15일 제1-2923호
주소 서울시 종로구 창경궁로35길 26 2층 (03076)
전화 1877-8941 **팩스** 02-3672-1873
이메일 book@isamtoh.com **홈페이지** www.isamtoh.com

ⓒ 용석경, 2025, Printed in Korea.

이 책은 저작권법에 따라 보호를 받는 저작물이므로 무단전재와 복제를 금지하며
이 책의 내용 전부 또는 일부를 이용하려면 반드시 저작권자와 (주)샘터사의
서면 동의를 받아야 합니다.

ISBN 978-89-464-2316-9 (03810)

값은 뒤표지에 있습니다.
잘못 만들어진 책은 구입처에서 교환해 드립니다.

샘터 1% 나눔실천
샘터는 모든 책 인세의 1%를 '샘물통장' 기금으로 조성하여 매년 소외된 이웃에게 기부하고 있습니다. 2024년까지 약 1억 1,650만 원을 기부하였으며, 앞으로도 샘터는 책을 통해 1% 나눔실천을 계속할 것입니다.